O LIVRO DA DECISÃO

CB011299

Mikael Krogerus
Roman Tschäppeler

O LIVRO
DA
DECISÃO

Tradução de
DORALICE XAVIER DE LIMA

Ilustrações de
PHILIP EARNHART

2ª edição

best.
business
RIO DE JANEIRO – 2024

CIP-BRASIL. CATALOGAÇÃO NA PUBLICAÇÃO
SINDICATO NACIONAL DOS EDITORES DE LIVROS, RJ

Krogerus, Mikael

K94L   O livro da decisão/ Mikael Krogerus, Roman Tschäppeler; 2ª ed. tradução Doralice Lima; ilustrações Philip Earnhart – 2ª ed. – Rio de Janeiro: Best Business, 2024.
il.

Tradução de: 50 erfolgsmodelle

ISBN 978-85-68905-40-1

1. Desenvolvimento organizacional – Administração. 2. Liderança. I. Tschäppeler, Roman. II. Título.

	CDD: 658.406
14-13501	CDU: 005.332.3

O livro da decisão, de autoria de Mikael Krogerus e Roman Tschäppeler. Texto revisado conforme o Acordo Ortográfico da Língua Portuguesa. Segunda edição impressa em agosto de 2024.

Título original:
50 ERFOLGSMODELLE

Design de capa: Mariana Taboada, a partir da capa publicada em 2012 pela W.W. Norton & Company.

Direitos exclusivos de publicação em língua portuguesa para o Brasil adquiridos pela Best Business, um selo da Editora Best Seller Ltda. Rua Argentina, 171 – 20921-380 – Rio de Janeiro, RJ – Tel.: (21) 2585-2000 que se reserva a propriedade literária desta tradução.

Impresso no Brasil

ISBN 978-85-68905-40-1

Seja um leitor preferencial Best Business.
Cadastre-se e receba informações sobre nossos lançamentos e nossas promoções.

Atendimento ao leitor e vendas diretas: sac@record.com.br ou (21) 2585-2002.
Escreva para o editor: bestbusiness@record.com.br
www.record.com.br

Sumário

3. Como entender melhor os outros • 92

Instruções de uso

POR QUE VOCÊ DEVE LER ESTE LIVRO

Este livro é direcionado a todos os que precisam lidar diariamente com pessoas. Seja professor do ensino médio ou professor universitário, piloto ou executivo, você se verá constantemente diante das mesmas perguntas: Como tomar decisões corretas? Como motivar a mim mesmo ou a minha equipe? Como promover mudanças? Como trabalhar com mais eficiência? E em um nível mais pessoal: o que meus amigos revelam sobre mim? Eu vivo no momento presente? O que eu quero?

O QUE VOCÊ ENCONTRARÁ NESTE LIVRO

Os cinquenta melhores modelos para tomada de decisão — alguns muito conhecidos e outros nem tanto —, descritos em palavras e diagramas, ajudarão você a responder a essas perguntas. Não espere encontrar respostas diretas: esteja preparado para ser testado. Espere encontrar estímulos mentais. Você adquirirá o tipo de conhecimento com o qual poderá suscitar a admiração de amigos e colegas: O que é um cisne negro? O que é uma cauda longa? Qual é o princípio de Pareto? Por que sempre esquecemos tudo? Como devemos agir em situações de conflito?

COMO USAR ESTE LIVRO

Este é um livro de estudo. Você pode copiar os modelos, preenchê-los, rabiscá-los, aperfeiçoá-los ou criar novos. Seja para preparar uma apresentação ou defender uma avaliação anual de desempenho, seja para tomar uma decisão difícil ou porque tenha desistido de uma competição difícil, seja porque deseja rever o conceito de seu negócio ou conhecer melhor a si mesmo — ele será o seu guia.

O QUE É UM MODELO PARA TOMADA DE DECISÃO?

Os modelos neste livro atendem aos seguintes critérios:

- Simplificam: eles não abrangem todos os aspectos da realidade; incluem apenas aqueles que parecem relevantes.
- São pragmáticos: focalizam no que é útil.
- Sintetizam: são os sumários executivos das inter-relações complexas.
- São visuais: por meio de imagens e diagramas, apresentam conceitos difíceis de explicar em palavras.
- Organizam: fornecem uma estrutura e criam um sistema de classificação.
- São métodos: não fornecem respostas, propõem questões; as respostas surgem à medida que os modelos são usados; isto é, à medida que eles são preenchidos e utilizados.

No apêndice, você encontrará as fontes dos modelos e também informações sobre os livros e sites de referência. Os modelos cuja fonte não é citada foram criados pelos autores.

POR QUE PRECISAMOS DE MODELOS PARA TOMADA DE DECISÃO?

Quando estamos diante do caos, procuramos maneiras de organizá-lo, tentamos enxergar através dele ou pelo menos obter uma visão global. Os modelos ajudam a reduzir a complexidade de uma situação, permitindo-nos suprimir a maior parte dessa complexidade e nos concentrar no que é importante. Os críticos gostam de ressaltar que os modelos não refletem a realidade. É verdade, mas também não é correto afirmar que eles nos levam a pensar de forma predefinida. Os modelos não definem o que ou como devemos pensar; eles são resultado de um processo intelectual ativo.

Você pode ler este livro à moda americana ou à moda europeia. Os norte-americanos tendem a adotar uma abordagem de erro e acerto; eles agem, fracassam, aprendem com o erro, formulam teorias e tentam novamente. Se essa abordagem lhe agrada, comece pelo início, em "Como se aprimorar". Os europeus preferem começar pelo estudo das teorias e depois partir para a ação. Se a ação não for bem-sucedida, eles analisam, aperfeiçoam e repetem a tentativa. Se seu estilo está mais de acordo com essa abordagem, comece por "Como se conhecer melhor" (página 50).

Cada modelo é tão bom quanto quem o utiliza.

1. Como se aprimorar

A MATRIZ DE EISENHOWER

Como trabalhar com mais eficiência

Diz-se que Dwight D. Eisenhower, presidente dos Estados Unidos na década de 1950, certa vez declarou que "as decisões mais urgentes raramente são as mais importantes". Eisenhower era considerado um mestre na administração do tempo, ou seja, tinha a capacidade de fazer tudo como e quando necessário. Com o método de Eisenhower você aprenderá a identificar o que é importante e o que é urgente.

Seja qual for o trabalho a sua frente, comece por fracioná-lo de acordo com o método de Eisenhower (ver modelo) e depois decida como proceder. Em geral, nós nos concentramos demais no campo do que é "urgente e importante", aquilo com que precisamos lidar imediatamente. Pergunte a si mesmo: quanto vou dedicar àquilo que é importante mas não urgente? Quando vou reservar tempo para tratar das tarefas importantes antes que elas se tornem urgentes? Esse é o campo das decisões estratégicas, de longo prazo.

Outro método de organizar melhor o tempo é atribuído ao multimilionário Warren Buffett. Faça uma lista de tudo o que você quer ver realizado hoje. Comece pela tarefa no topo da lista e só passe adiante quando essa tarefa estiver concluída. Assim que ela for encerrada, risque-a da lista.

Antes tarde do que nunca. Mas é melhor nunca deixar para mais tarde.

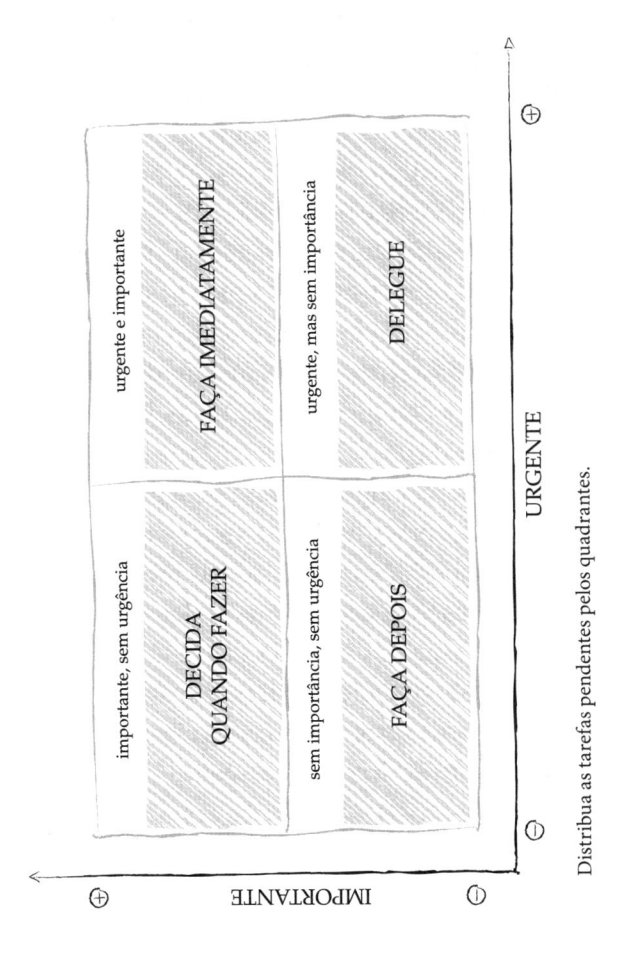

URGENTE

IMPORTANTE

urgente e importante

FAÇA IMEDIATAMENTE

urgente, mas sem importância

DELEGUE

importante, sem urgência

DECIDA QUANDO FAZER

sem importância, sem urgência

FAÇA DEPOIS

Distribua as tarefas pendentes pelos quadrantes.

A ANÁLISE SWOT*

Como encontrar a solução correta

Na análise SWOT, avaliamos os pontos fortes e fracos, as oportunidades e os riscos de um projeto. A técnica tem por base um estudo realizado na década de 1960 na Universidade Stanford. O estudo analisou dados das 500 maiores empresas da lista da revista *Fortune* e encontrou uma discrepância de 35% entre os objetivos das empresas e o que realmente era executado. O problema não era a falta de competência dos funcionários, mas a ambiguidade dos objetivos. Muitos deles sequer sabiam por que estavam realizando determinadas tarefas. A análise SWOT foi produzida a partir dos resultados desse estudo para ajudar as pessoas a compreenderem melhor os projetos nos quais estão envolvidas.

Vale a pena reservar algum tempo para pensar sobre cada passo dessa análise, em vez de preencher apressadamente a matriz. Como podemos dar ênfase às nossas forças e compensar (ou encobrir) nossas fraquezas? Como podemos maximizar as oportunidades? Como nos proteger das ameaças?

O mais interessante sobre essa ferramenta de análise é sua versatilidade: ela pode ser aplicada com o mesmo sucesso tanto aos negócios quanto às decisões pessoais.

"O que as organizações mais temem — instabilidade, interferências, desequilíbrios — são as fontes primárias da criatividade."

Margaret J. Wheatley

---

*Acrônimo formado pelas iniciais das palavras inglesas *strengths, weaknesses, opportunities* e *threats*: forças, fraquezas, oportunidades e ameaças. (N. da T.)*

FORÇAS

FRAQUEZAS

OPORTUNIDADES

AMEAÇAS

Lembre-se de um grande projeto que teve em sua vida e pense como você teria preenchido um diagrama SWOT para ele naquela época. Compare com a forma como você o teria preenchido hoje.

A MATRIZ BCG

Como avaliar custos e benefícios

Na década de 1970, o Boston Consulting Group criou um método para analisar o valor dos investimentos no portfólio de uma empresa. A matriz de quatro quadrantes categoriza os investimentos em quatro tipos:

- **Vacas leiteiras**: têm alta participação no mercado, mas baixa taxa de crescimento. Isso significa que esses investimentos não custam muito, mas prometem um bom retorno. Indicação dos consultores: ordenhar.
- **Estrelas**: têm alta participação no mercado e taxa de crescimento elevada, mas o crescimento devora dinheiro. A esperança é de que as estrelas se transformem em vacas leiteiras. Indicação dos consultores: investir.
- **Interrogações** ou **"crianças-problema"**: têm alto potencial de crescimento, mas baixa participação relativa no mercado. Com muito apoio financeiro e sedução, podem virar estrelas. Indicação dos consultores: é uma decisão difícil.
- **Abacaxis** ou **bichinhos de estimação**: são unidades de negócios com baixa participação em um mercado saturado. Os abacaxis só devem ser mantidos se tiverem outro valor que não seja financeiro (por exemplo, se forem um fator de orgulho ou um favor para um amigo). Indicação dos consultores: liquidar.

"Nos investimentos, as palavras mais arriscadas são 'desta vez é diferente'."

Sir John Templeton

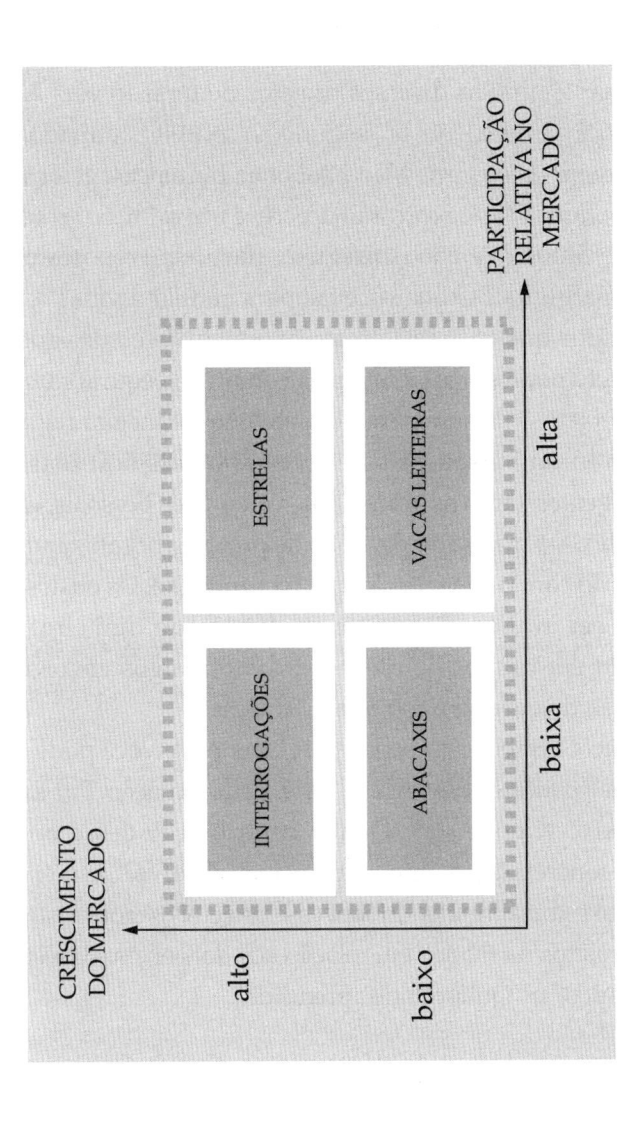

CRESCIMENTO
DO MERCADO

	alta	baixa
alto	ESTRELAS	INTERROGAÇÕES
baixo	VACAS LEITEIRAS	ABACAXIS

PARTICIPAÇÃO
RELATIVA NO
MERCADO

Distribua seus produtos financeiros, investimentos ou projetos nessa matriz. Os eixos indicam o crescimento potencial e a participação no mercado.

A MATRIZ DO PORTFÓLIO DE PROJETOS

Como manter uma visão global

Você mantém no ar diversos projetos de uma só vez? Nesse caso, você é polivalente ou, segundo o conceito cunhado pela escritora nova-iorquina Marci Alboher, pertence à geração da barra oblíqua (/). A expressão descreve um número crescente de indivíduos que não conseguem dar uma resposta única para a pergunta: "O que você faz para ganhar a vida?"

Imagine que você seja professor/músico/web designer. A variedade pode ser atraente, mas como você equilibra todos esses projetos? E como garante uma vida financeira regular?

Para ter uma visão global, é necessário classificar seus projetos vigentes, tanto os profissionais quanto os pessoais, com a ajuda de uma matriz de portfólio de projetos, organizando-os de acordo com o custo e o tempo (ver modelo). Os custos não devem ser avaliados somente em função do dinheiro, mas também em termos de recursos, como amigos envolvidos, aplicação de energia e estresse psicológico.

Custo e tempo são apenas dois exemplos. Você pode usar qualquer parâmetro relevante para a sua situação. Por exemplo, o eixo X pode ser: "Qual a contribuição desse projeto para a concretização de meu principal objetivo?", e o eixo Y: "Quanto estou aprendendo com esse projeto?" Agora distribua seus projetos na matriz em relação aos dois eixos: "Objetivos alcançados" e "Quantidade aprendida".

Como interpretar os resultados

- Não mantenha projetos com os quais você não tem nada a aprender ou que não correspondem às suas prioridades.

- Projetos com os quais você pode aprender, mas que não correspondem à sua visão são interessantes, mas não o ajudarão a alcançar seu objetivo. Tente mudar o projeto de modo que ele contribua para sua visão.
- Se o projeto estiver de acordo com a sua visão mas não lhe ensinar nada de novo, procure alguém que possa executá-lo para você.
- Se você estiver aprendendo alguma coisa e realizando a sua visão, você ganhou na loteria!

"Para a maioria de nós, o grande perigo não é almejar demais e não alcançar a meta, mas almejar muito pouco e alcançar a meta."

Michelangelo

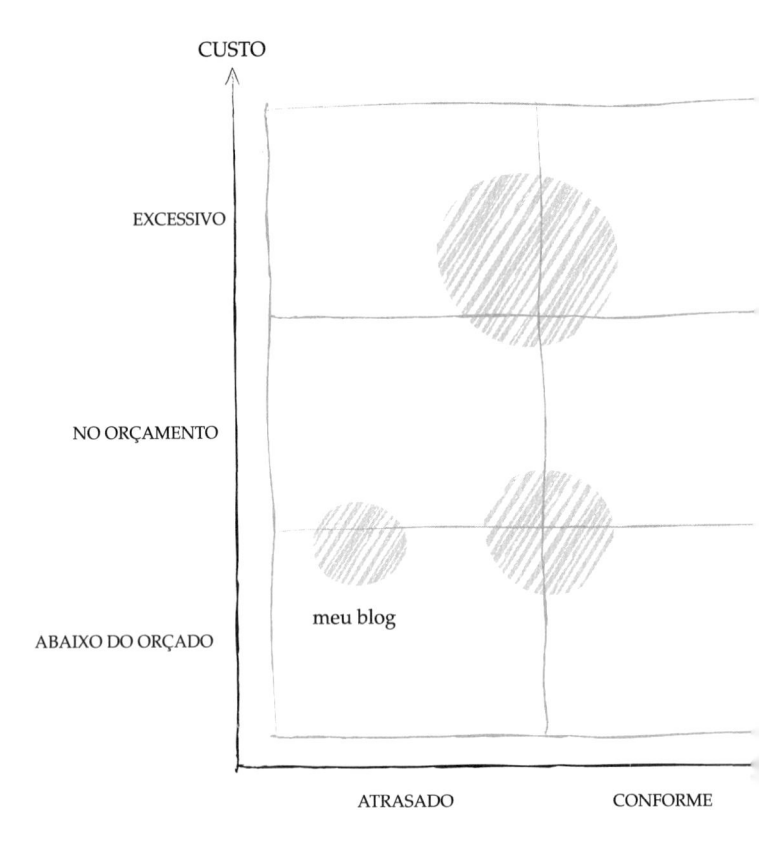

CUSTO

EXCESSIVO

NO ORÇAMENTO

ABAIXO DO ORÇADO   meu blog

ATRASADO   CONFORME

Distribua seus projetos vigentes pela matriz:
você está dentro do orçamento e do prazo?

casamento

divórcio

organizar a reunião
de ex-alunos

presentes
de Natal

curso de francês

⊳ TEMPO

PLANEJADO   ADIANTADO

O MODELO DE JOHN WHITMORE

Estou buscando alcançar a meta correta?

Quando estabelecer metas para si mesmo, você deve saber a diferença entre metas finais e metas de desempenho. Uma meta final pode ser "Quero correr uma maratona". Uma meta de desempenho ajuda a concretizar a meta final, por exemplo: "Vou correr durante trinta minutos todas as manhãs."

Escreva sua meta em uma folha de papel e confira, passo a passo, se ela corresponde aos 14 requisitos do modelo.

Algumas observações: se a meta for inatingível, não há nada a fazer, e se ela não for desafiadora, não o motivará. Se achar os 14 passos muito complicados, lembre-se da regra de ouro para estabelecer uma meta:

Simplifique, imbecil!

"Devemos fazer com que tudo seja tão simples quanto possível, mas não simplório."

Albert Einstein

S	ESPECÍFICA		A META CORRETA	C	DESAFIADORA
M	MENSURÁVEL	P	POSITIVAMENTE EXPRESSADA	L	LEGAL
A	VIÁVEL	U	COMPREENDIDA	E	ECOLOGICAMENTE CORRETA
R	REALISTA	R	RELEVANTE	A	CONSENSUAL
T*	DISTRIBUÍDA NO TEMPO	E*	ÉTICA	R*	DOCUMENTADA

Tendo estabelecido uma meta, verifique se ela atende a esses 14 requisitos.

*Siglas: SMART (inteligente): *Specific, Measurable, Attainable, Realistic, Time Phased*;
PURE (pura): *Positively Stated, Understood, Relevant, Ethical*;
CLEAR (clara): *Challenging, Legal, Environmentally Sound, Agreed, Recorded. (N. da T.)*

O MODELO DOS ELÁSTICOS

Como resolver um dilema

Você conhece a seguinte situação? Um amigo, colega ou cliente precisa tomar uma decisão que mudará de forma irrevogável seu futuro, por exemplo, trocar de profissão, mudar de cidade ou optar por uma aposentadoria precoce. Os argumentos a favor e contra a decisão estão equilibrados. Como ajudá-lo a solucionar o dilema?

Copie o modelo dos elásticos e peça ao interessado para se perguntar: o que está me segurando? O que está me atraindo?

A princípio, o método parece apenas uma variação da pergunta convencional sobre os prós e os contras. A diferença é que as perguntas sobre o que nos puxa para trás e o que nos leva à frente são positivas e refletem uma situação com duas opções atraentes.

"Toda decisão, até mesmo a decisão errada, resulta em uma sensação de paz."

Rita Mae Brown

Ver também: A análise SWOT (p. 16)

O QUE O ATRAI?

O QUE O DETÉM?

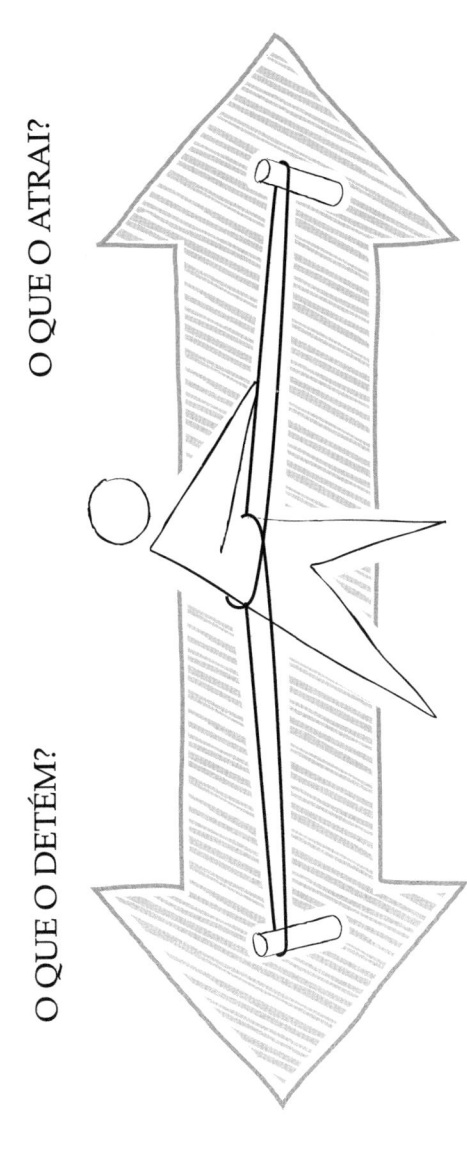

Se você precisar escolher entre duas opções boas, pergunte a si mesmo o que o detém e o que o atrai.

O MODELO DO FEEDBACK

Como receber elogios e críticas

No trabalho em grupo, dar e receber opiniões é um dos processos mais difíceis e delicados. É fácil ferir os sentimentos dos outros com uma crítica, mas os falsos elogios também são prejudiciais. Os elogios em geral nos deixam presunçosos, enquanto a crítica prejudica a autoestima e pode nos levar a fazer escolhas menos inteligentes.

Dessa forma, a pergunta unidimensional "o que você achou bom e o que você achou ruim?" nem sempre é útil. Considerando o que pode ser aprendido com o feedback, é melhor perguntar: "O que posso fazer com essa crítica?" Em outras palavras, veja o que pode ficar como está e o que precisa mudar (mesmo sendo algo que pode ter sido bom até agora).

Não estamos falando de identificar o que não deu certo; trata-se de decidir como e se devemos reagir. O modelo ajudará você a categorizar a opinião recebida para estabelecer de forma clara um plano de ação.

Também é importante perguntar a si mesmo com honestidade: "Que sucesso ou fracasso foi, na verdade, uma obra do acaso?" Você ganhou a partida somente porque a bola encontrou o caminho da rede por pura sorte? Você merece realmente aquele elogio?

"Tenha cuidado com seus pensamentos, porque eles viram palavras.
Tenha cuidado com suas palavras, porque elas viram ações.

Tenha cuidado com suas ações, porque elas se transformam em hábitos.

Tenha cuidado com seus hábitos, porque eles se tornam seu caráter.

Tenha cuidado com seu caráter, porque ele é seu destino."

Do Talmude

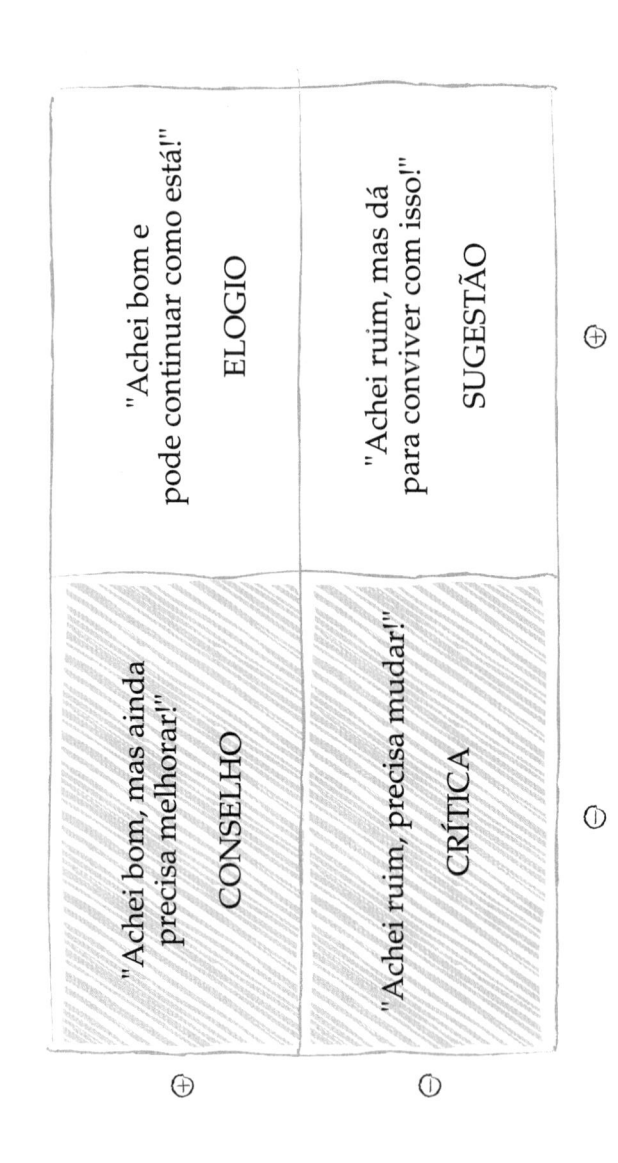

"Achei bom e
pode continuar como está!"

ELOGIO

"Achei ruim, mas dá
para conviver com isso!"

SUGESTÃO

"Achei bom, mas ainda
precisa melhorar!"

CONSELHO

"Achei ruim, precisa mudar!"

CRÍTICA

Distribua pela matriz as opiniões que recebeu.
Que conselho você quer seguir? Que crítica o estimula a agir?
Que sugestões pode deixar de lado?

O MODELO DA ÁRVORE GENEALÓGICA

Os contatos que você deve preservar

Este modelo tem por base a premissa de que os seres humanos são fundamentalmente sociais e interativos. O conceito de lealdade pode ser entendido como a fidelidade de alguém a uma marca ou a um produto e o desejo que esse indivíduo tem de falar a outras pessoas sobre a marca. Os modelos convencionais utilizados para determinar a lealdade à marca costumam servir como justificativa para gastos (muitas vezes imprudentes) ou para decisões que já foram tomadas, em vez de constituírem avaliações objetivas de estratégias.

Um ponto de partida mais simples e construtivo para determinar a lealdade a uma marca é descobrir o que os consumidores pensam sobre seu produto. Em vez de propor um questionário complexo, esse modelo faz uma pergunta simples ao consumidor: "Quem lhe recomendou esse produto e a quem você o recomendaria?" Com base nas respostas, podemos definir três grupos de entrevistados: promotores, críticos e consumidores satisfeitos passivos. O barômetro do sucesso é a proporção entre promotores e críticos.

Construa uma estrutura de clientes ou portfólio na forma de árvore genealógica. Então, você poderá ver como ou por meio de quem um cliente se tornou cliente.

Ajuda para a interpretação

Quanto mais árvores genealógicas você precisar desenhar, mais diversificada será sua estrutura de clientes ou portfólio. Os troncos com mais ramos demandam maior manutenção. Eles representam um risco de concentração excessiva e podem facilmente se quebrar.

Você não tem consumidores? Então pense em como seu círculo de amigos e conhecidos está estruturado. Por intermédio de quem você conheceu mais amigos? Você ainda tem um relacionamento de amizade com essa pessoa?

Ver também: O modelo da rede de comunicação (p. 88)

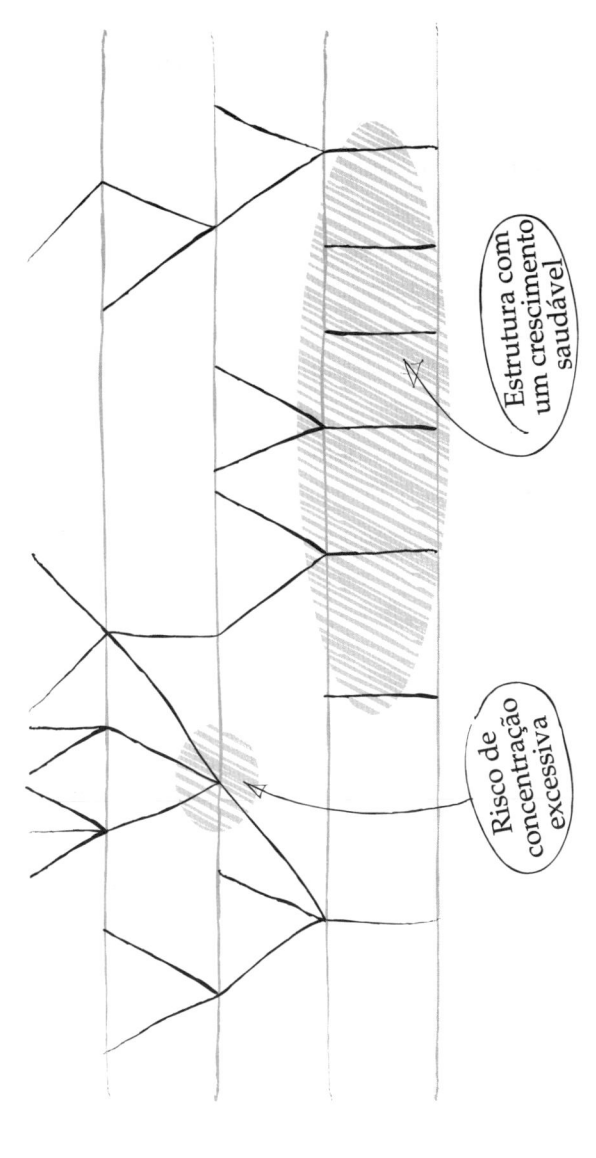

Estrutura com um crescimento saudável

Risco de concentração excessiva

Desenhe a árvore genealógica de seus amigos e conhecidos: por intermédio de quem você conheceu seus amigos?
Ou desenhe a árvore genealógica de seus clientes: por meio de quem você conquistou o maior número de consumidores?

A MATRIZ MORFOLÓGICA E A LISTA
DE CONTROLE SCAMPER

Por que é preciso estar estruturado para ser criativo

Inovar pode ser fazer algo completamente novo, mas também pode significar combinar, de outra maneira, algo que já existe. A questão é: como conseguir isso?

O conceito de morfologia teve origem no estudo das estruturas e configurações biológicas. Na década de 1930, o físico suíço Fritz Zwicky desenvolveu, no Instituto de Tecnologia, na Califórnia, um método de resolução de problemas que utilizava o que ele chamou de matrizes morfológicas. Por meio desse método, uma entidade nova é criada graças à combinação de atributos de diversas entidades já existentes. O método, inicialmente aplicado por Zwicky à tecnologia de motores a jato, também começou a ser empregado em estratégias de marketing e na elaboração de novas ideias.

Como o método funciona

Para criar um carro novo, por exemplo, toma-se nota de todos os parâmetros relevantes (tais como o tipo de veículo, o público-alvo etc.), e a cada parâmetro são associados tantos atributos quanto possível. Para isso, é preciso ter domínio do assunto e imaginação, já que o objetivo é criar algo novo a partir do que já existe. Aqui, o resultado é uma tabela bidimensional (embora uma matriz morfológica possa ter até quatro dimensões).

O próximo estágio pede um brainstorming: digamos que o carro precise ser um utilitário esportivo, mas também deva ter pouco consumo de combustível e baixo custo. Que atributos correspondem a esses requisitos? Conecte os atributos escolhidos com uma linha. Essa nova configuração pode formar a base para que nasça a nova ideia do carro desejado.

Além das matrizes morfológicas, a lista de controle SCAMPER, desenvolvida por Bob Eberle, também pode ajudar a reconfigurar um produto ou uma ideia. As seguintes perguntas foram retiradas de um questionário criado por Alex Osborn, fundador da agência de publicidade BBDO:

- **Substituir?** Substituir pessoas, componentes, materiais.
- **Combinar?** Combinar com outras funções ou coisas.
- **Adaptar?** Adaptar a aparência ou as funções.
- **Modificar?** Modificar o tamanho, a forma, a textura ou o som.
- **Propor um novo uso?** Usos novos ou combinados.
- **Eliminar?** Reduzir, simplificar, eliminar qualquer aspecto supérfluo.
- **Reverter?** Dar o uso contrário, inverter, reverter.

"A questão não é ver o que ninguém viu antes, mas pensar o que ninguém pensou sobre aquilo que todo mundo vê."

Arthur Schopenhauer

Ver também: O pensamento anticonvencional (p. 98)

CONFIGURAÇÃO	CONFIGURAÇÃO 1	CONFIGURAÇÃO 2
PARÂMETROS		
DESIGN (VISTA DE FRENTE)	agressivo	angular (inovação)
DESEMPENHO, MOTOR	gasolina 100-200 hp	gasolina 200-300 hp
LUGARES/ESPAÇO	2	4
TIPO DE VEÍCULO	limusine	minivan
ESTILO	confiante	descolado
CARACTERÍSTICAS, ACESSÓRIOS	DVD (cooperação com Blockbuster)	download de músicas a partir de lojas on-line
PÚBLICO-ALVO	alta renda	renda dupla sem filhos

CONFIGURAÇÃO 3	CONFIGURAÇÃO 4	CONFIGURAÇÃO 5	CONFIGURAÇÃO 6
esguio	harmonioso	esportivo	atlético
diesel	híbrido	hidrogênio	elétrico
5	6	6+	6+ assentos totalmente reclináveis
SUV	perua	coupé	picape
amigável	audacioso	"francês"	"americano"
voucher para ajuste do motor	parceria com ferrovia para serviços intermunicipais	pintura personalizada anual	geladeira ou mesmo uma copa
ex-radicais, emergentes	adeptos de vida saudável e sustentabilidade	idosos com alta renda	consumidores discretos de artigos de luxo

O MODELO DOS PRESENTES
DA REVISTA *ESQUIRE*

Quanto gastar em um presente

Dar presentes é como um campo minado. Um presente barato ou impessoal pode fazer a pessoa se sentir desvalorizada, o que cria uma situação desconfortável tanto para quem dá quanto para quem o recebe. Este pequeno modelo da revista *Esquire* apresenta dois eixos norteadores:

- Há quanto tempo você conhece a pessoa que vai presentear?
- Quanto você deve gastar no presente?

Duas regras práticas

Ser generoso é melhor do que ser avarento (não se deixe iludir pela declaração "Não precisava!").

Compre alguma coisa que você gostaria de ganhar de presente.

"Meu gosto é muito simples: sempre fico feliz com o melhor."

Oscar Wilde

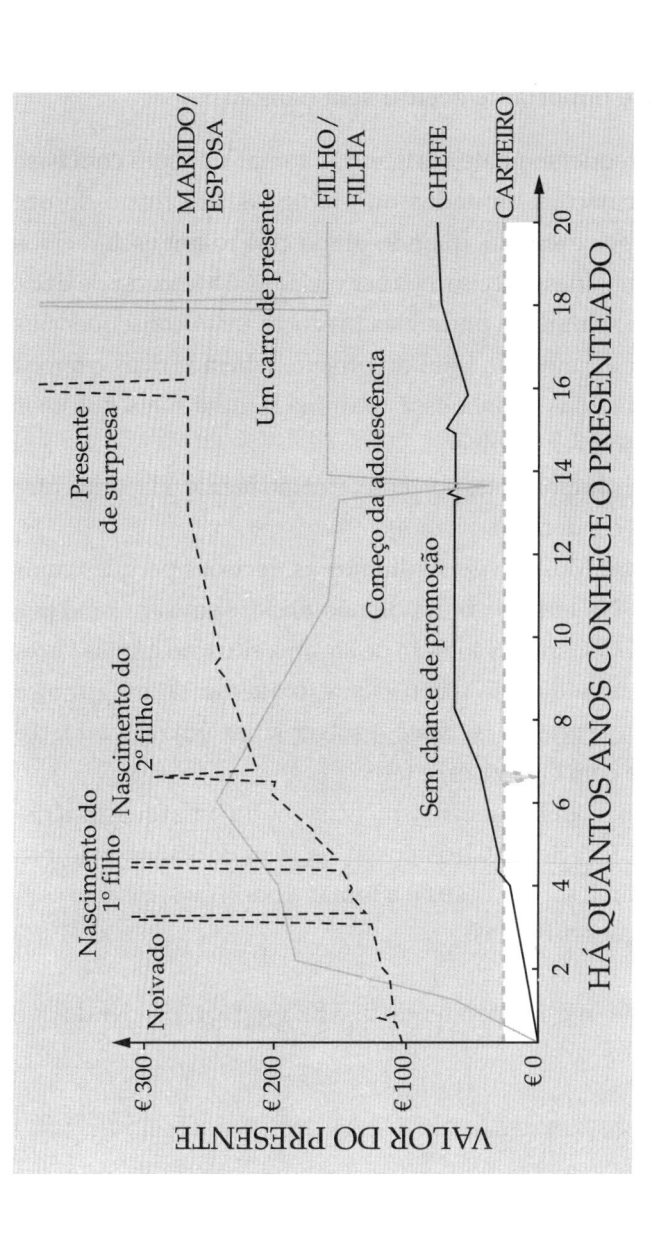

O modelo mostra a quem você deve dar presentes, quando e de que valor. Qual foi o presente mais valioso que você já deu — e recebeu?

O MODELO DAS CONSEQUÊNCIAS

Por que é importante decidir sem demora

Somos frequentemente obrigados a tomar decisões com base em informações limitadas ou ambíguas. No início de um projeto, por exemplo, quando ainda não foram esclarecidos muitos detalhes, precisamos ser ousados na tomada de decisão, principalmente porque as precoces terão consequências de maior alcance. No final do projeto, sabemos mais e temos menos dúvidas, mas a essa altura já não há mais questões fundamentais a resolver.

O mais importante, portanto, é como fechar a lacuna entre a dúvida e a decisão.

Atenção! Muitas vezes adiamos as decisões porque temos dúvidas. No entanto, o ato de não decidir em si mesmo já é uma decisão. Adiar a solução de alguma situação muitas vezes se torna uma decisão inconsciente, o que causa insegurança na equipe. Portanto, se você resolver adiar uma decisão, comunique com clareza esse fato.

Com o modelo das consequências, os dinamarqueses Kristian Kreiner e Søren Christensen, teóricos de organização, nos estimulam a ser corajosos e a tomar as decisões, mesmo com informações mínimas.

"Eu prefiro me arrepender do que fiz a me arrepender do que não fiz."

Lucille Ball

Ver também: A matriz de Eisenhower (p. 13)

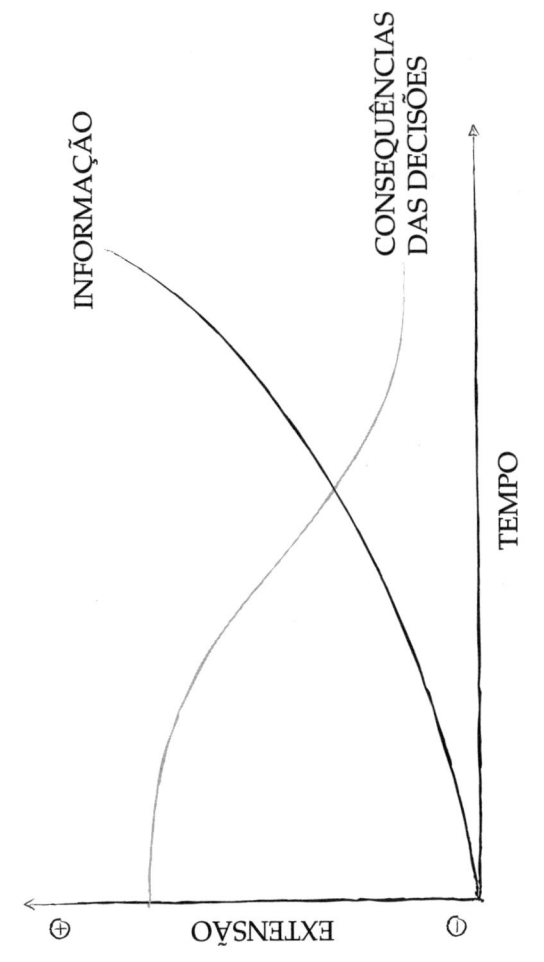

O modelo mostra a relação entre a extensão das consequências de suas decisões e o grau de informação.

O MODELO PARA A SOLUÇÃO
DE CONFLITOS

Como solucionar um conflito com elegância

Os psicólogos são unânimes em defender que devemos lidar com os conflitos a fim de evitar impasses e recriminações e para restaurar a estabilidade e a comunicação. O problema é como fazer isso. Em princípio, existem seis formas diferentes de lidar com uma situação de conflito: fugir, lutar, desistir, esquivar-se da responsabilidade, contemporizar e chegar a um consenso.

1. **Fugir.** Fugir do conflito significa evitá-lo. Não se lida com o problema e a situação permanece igual. Podemos partir do princípio de que nenhum dos lados ganha nada. Essa é uma situação em que todos perdem (perde-perde).
2. **Lutar.** Quem lida com um conflito de forma agressiva só tem um objetivo: ganhar. Mas ganhar não é suficiente, pois para isso alguém tem que perder. Essa abordagem equivale a dominar o oponente e garantir a própria posição em relação à resistência dos outros. Essa é uma situação em que apenas um ganha (ganha-perde).
3. **Desistir.** Quem desiste de manter a própria posição no conflito resolve o problema recuando, ou seja, perdendo. O resultado é uma situação em que a vitória é concedida pelo derrotado (perde-ganha).
4. **Esquivar-se da responsabilidade.** Aqueles que se sentem sufocados pelo conflito muitas vezes delegam a decisão — ou seja, o confronto — a outra autoridade, em geral um superior. Essa autoridade resolve o conflito, mas

nem sempre da melhor forma ou de acordo com o interesse de quem o delegou. Existe o risco de perda para as duas partes envolvidas no conflito (perde-perde).

5. **Contemporizar.** Dependendo de como seja percebida, a contemporização pode ser uma solução aceitável para as duas partes. Com frequência, sente-se que, embora não seja ideal, a solução é razoável nas circunstâncias (ganha-perde/ganha-perde).

6. **Chegar a um consenso.** O consenso resulta de uma solução nova, produzida pelas duas partes. Ao contrário do que acontece na contemporização, trata-se de uma situação em que as duas partes ganham (ganha-ganha), porque ninguém precisou recuar. Em vez disso, os dois envolvidos produzem juntos uma "terceira via".

"Os fracassos não são frutos das derrotas sofridas, mas dos conflitos de que fugimos."

Pichação em um centro para
jovens em Berna, na Suíça

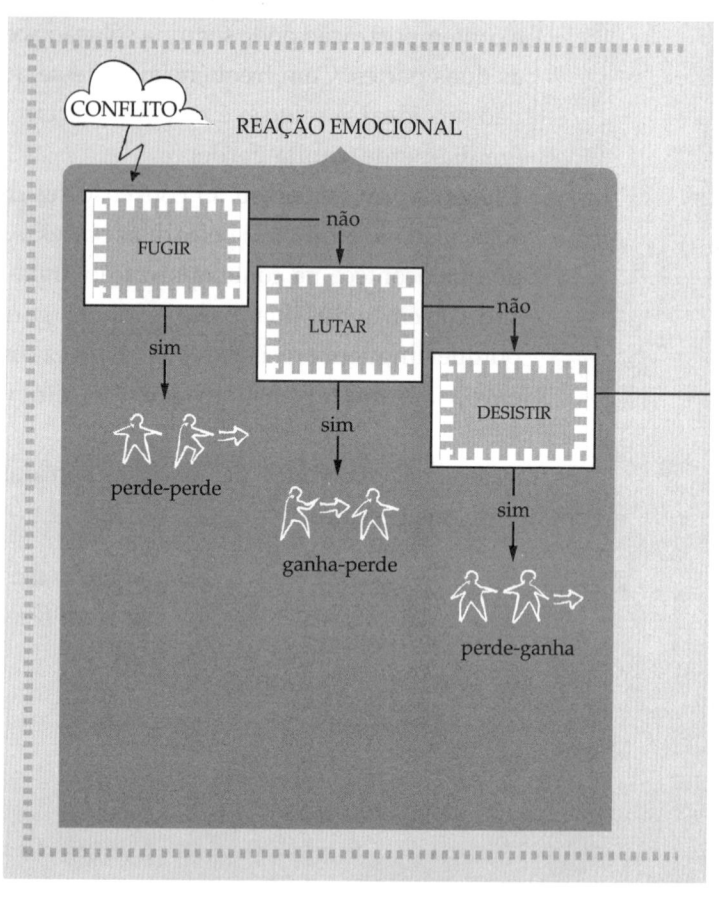

Esse modelo mostra as seis reações típicas a um conflito.
Qual é o seu tipo de conflito?
De que tipo é o seu adversário?

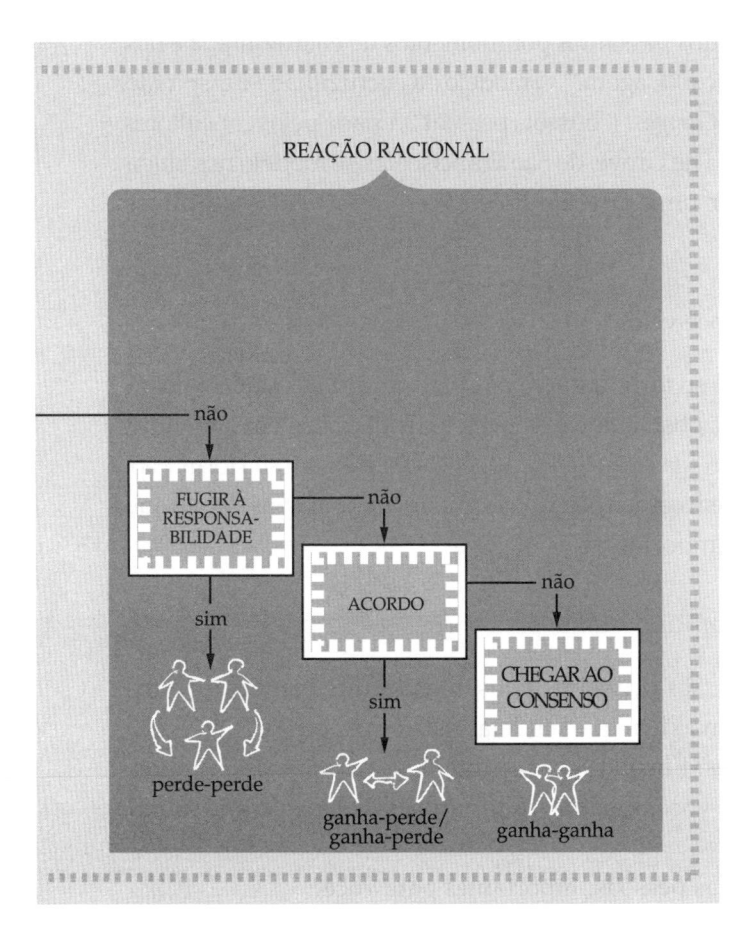

O MODELO DA ENCRUZILHADA

E agora?

Na vida, todos passamos por momentos de encruzilhada e nos perguntamos: "E agora?" O modelo da encruzilhada é inspirado na *Personal Compass* ("bússola pessoal"), criada pelos consultores da agência The Grove, de São Francisco. Esse modelo nos ajuda a encontrar uma direção. Preencha-o a partir das seguintes perguntas:

De onde você veio?

Como você se tornou quem é? Quais foram os maiores acontecimentos, obstáculos e as principais decisões em sua vida? Quais foram suas principais influências? Pense em sua formação, em seu lar, em como você foi criado. Anote as palavras-chave que considera importantes.

O que é mais importante para você?

Escreva os três primeiros pensamentos que lhe vierem à cabeça. Você não tem que ser detalhista ou específico. Quais são seus valores? Em que você acredita? Que princípios são importantes para você? Quando tudo entra em colapso, o que sobra?

Quem são as pessoas importantes para você?

Aqui você deve pensar naqueles cuja opinião você valoriza e que influenciam suas decisões. Deve se lembrar também daqueles que são afetados por suas decisões. Pense nas pessoas de quem gosta e daquelas de quem tem medo.

O que o atrapalha?

Que aspectos de sua vida o impedem de pensar nas coisas realmente importantes? Que prazos você determina em sua mente? O que atrapalha seu caminho? O que você precisa fazer? Quando?

De que você tem medo?

Faça uma lista das coisas, situações e pessoas que lhe causam preocupação e esgotam sua energia.

Observe suas anotações. O que está faltando? Que aspectos emergiram? As palavras-chave escritas contam a história de como você se tornou quem é hoje? Se necessário, anote mais palavras-chave e mais perguntas. Agora, observe as estradas que se abrem à sua frente. Nós apresentamos seis exemplos. Imagine cada uma delas:

1. A estrada convidativa: o que você sempre quis experimentar?
2. A estrada que você imaginou nos seus sonhos mais desvairados, sem importar se ela pode ser alcançada ou não: com o que você sonha?
3. A estrada que parece mais prudente: a que lhe é sugerida por aqueles cuja opinião você valoriza.
4. A estrada desconhecida: aquela que você nunca pensou em seguir.
5. A estrada que você já conhece.
6. A estrada de volta para o lugar onde você se sente seguro.

Você decide.

Qual foi a última vez em que você fez alguma coisa pela primeira vez?

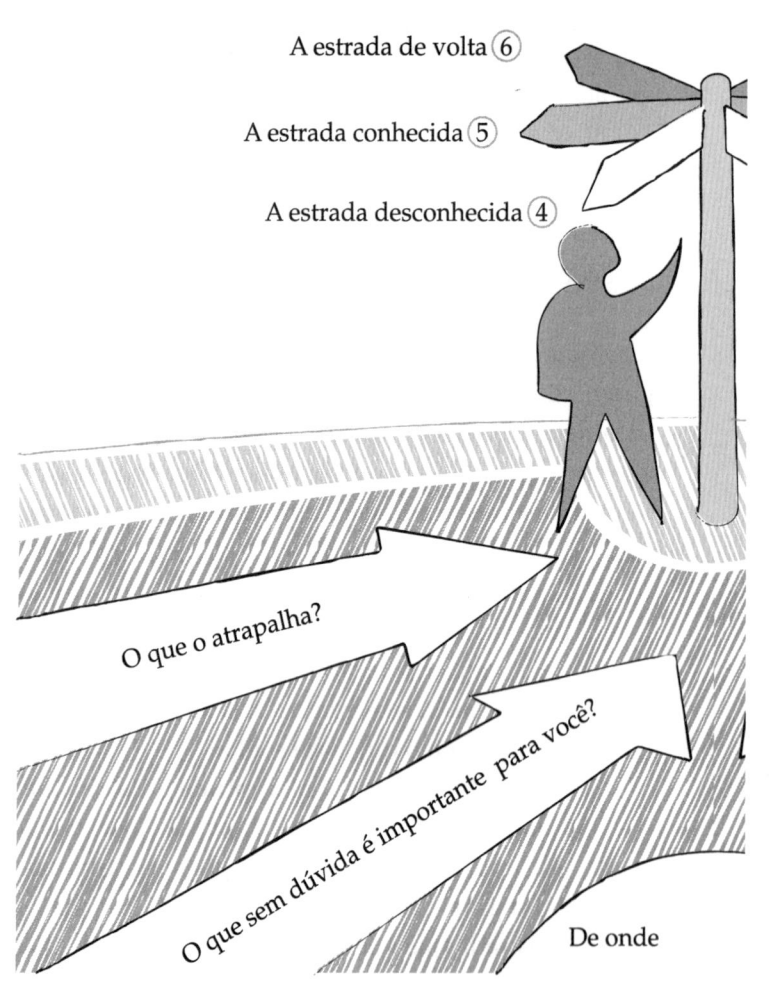

A estrada de volta ⑥

A estrada conhecida ⑤

A estrada desconhecida ④

O que o atrapalha?

O que sem dúvida é importante para você?

De onde

Responda a essas perguntas sozinho ou com a ajuda de um bom amigo.
Então imagine que estrada você pode seguir.

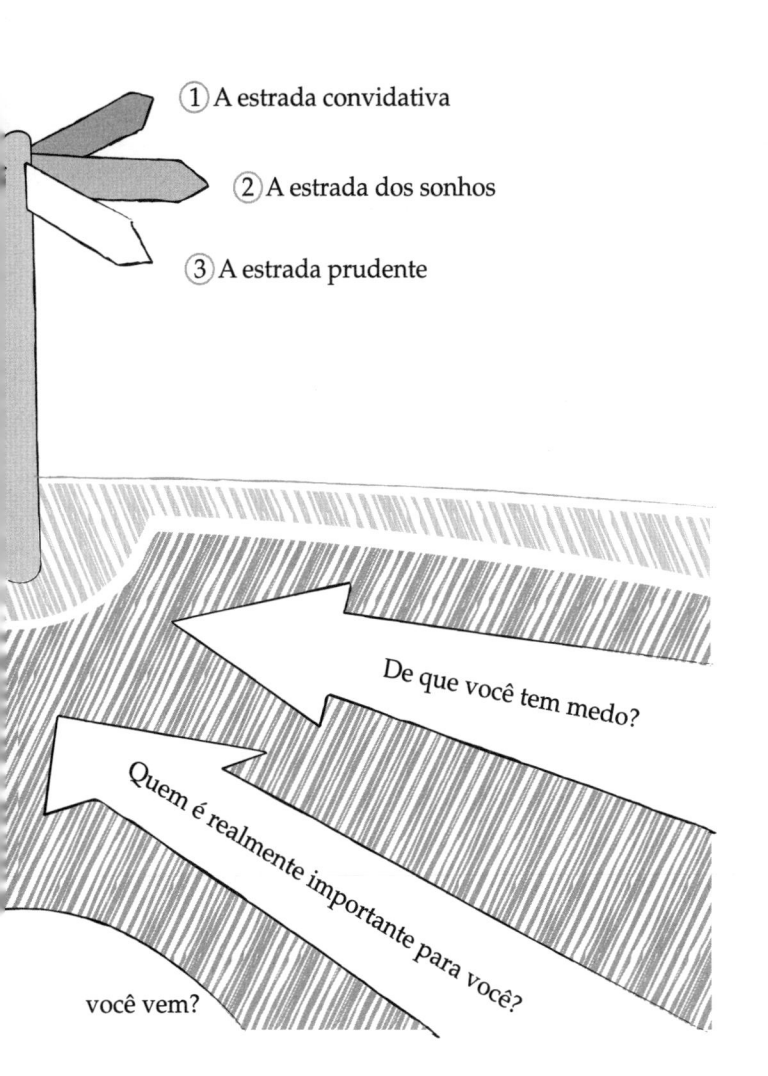

① A estrada convidativa

② A estrada dos sonhos

③ A estrada prudente

De que você tem medo?

Quem é realmente importante para você?

você vem?

2. Como se conhecer melhor

O MODELO DO FLUXO

O que o deixa feliz?

Há mais de 2 mil anos, Aristóteles chegou à conclusão nada surpreendente de que o que mais desejamos é ser felizes. Em 1961, o psicológico húngaro Mihaly Csikszentmihalyi escreveu: "Embora busquemos a felicidade por ela mesma, todos os outros objetivos — saúde, beleza, dinheiro e poder — são valorizados apenas porque esperamos que eles nos tornem mais felizes." Csikszentmihalyi procurou um termo para descrever o estado de felicidade e o chamou de "fluxo". No entanto, quando estamos "no fluxo"?
Depois de entrevistar mais de mil pessoas para saber o que as tornava felizes, ele descobriu que todas as respostas tinham cinco aspectos em comum: a felicidade, ou o "fluxo", acontece quando estamos:

- Intensamente concentrados em uma atividade
- que nós mesmos escolhemos; ou seja:

- nem pouco desafiadora (entediante) nem excessivamente desafiadora (exaustiva); que tenha
- um objetivo claro e que receba
- um retorno imediato.

Csikszentmihalyi descobriu que os indivíduos que estão "no fluxo" não só têm um profundo sentimento de satisfação, como também perdem a noção do tempo e se esquecem completamente de si mesmos porque estão muito envolvidos no que fazem. Músicos, atletas, atores, médicos e artistas afirmam que se sentem mais felizes quando estão absorvidos em uma atividade muitas vezes exaustiva — o que contradiz completamente a ideia geral de que a felicidade está relacionada ao relaxamento.

O que o impede de ser feliz?

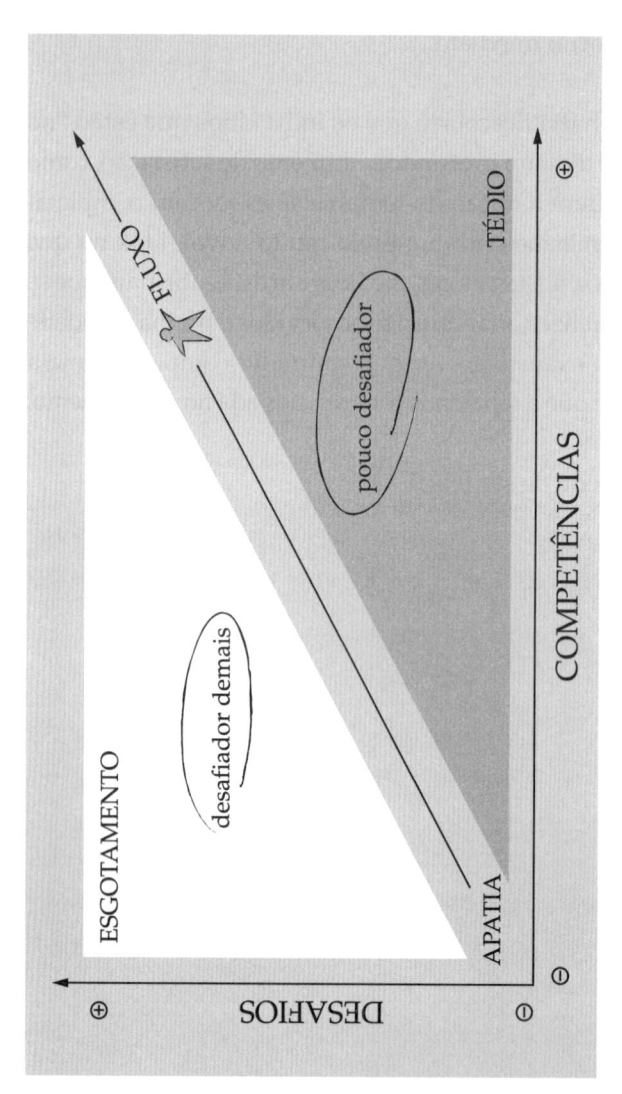

O modelo tem dois eixos: o nível do desafio e o nível de sua competência. No gráfico, escreva os três últimos desafios que enfrentou e como se sentiu em relação a eles.

A JANELA DE JOHARI

O que os outros sabem sobre você

Não podemos ter pleno domínio sobre nossa própria personalidade, mas podemos ter consciência da parte que revelamos ao mundo exterior. A janela de Johari (palavra formada pelas primeiras sílabas dos nomes de seus inventores, Joseph Luft e Harry Ingham) é um dos modelos mais interessantes para a descrição da interação humana. Uma "janela" com quatro quadrantes divide a percepção pessoal em quatro tipos:

A. Este quadrante descreve as características e experiências pessoais de que temos consciência e que gostamos de contar aos outros.

B. Este quadrante "oculto" descreve o que sabemos sobre nós mesmos mas preferimos não contar aos outros. Ele diminui à medida que construímos relacionamentos de confiança com alguém.

C. Há aspectos nossos que desconhecemos mas que os outros podem ver com clareza. E há coisas que julgamos estar expressando com clareza, mas que as pessoas interpretam de maneira totalmente diferente. Nesse quadrante, o feedback pode ser revelador, mas também doloroso.

D. Existem aspectos de nossa personalidade que estão ocultos para nós mesmos e para os outros. Somos mais complexos e cheios de facetas do que podemos imaginar. De vez em quando, algo desconhecido emerge do inconsciente e vem à superfície; por exemplo, em um sonho.

Escolha adjetivos ("divertido", "pouco confiável" etc.) que, na sua opinião, o descrevem bem. Então peça a outras pessoas (amigos, colegas) para escolherem caraterísticas que o descrevam. Esses adjetivos devem, então, ser distribuídos pelos quadrantes adequados da janela.

Experimente fazer o seguinte exercício com seu parceiro ou parceira. Existem facetas sobre ele ou ela que você gostaria de jamais ter descoberto? E o que você gostaria de não ter descoberto sobre si mesmo?

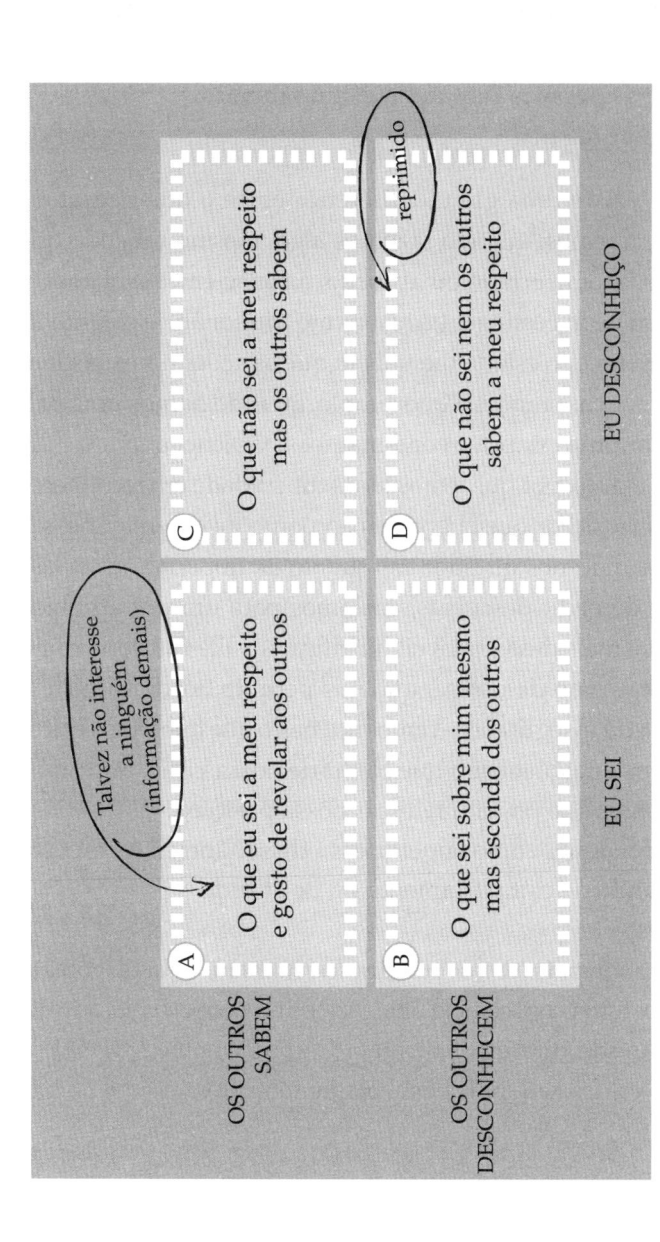

	EU SEI	**EU DESCONHEÇO**
OS OUTROS SABEM	(A) O que eu sei a meu respeito e gosto de revelar aos outros *Talvez não interesse a ninguém (informação demais)*	(C) O que não sei a meu respeito mas os outros sabem *reprimido*
OS OUTROS DESCONHECEM	(B) O que sei sobre mim mesmo mas escondo dos outros	(D) O que não sei nem os outros sabem a meu respeito

O que os outros sabem a seu respeito mas você ignora? A janela de Johari fornece um modelo de percepção pessoal.

O MODELO DA DISSONÂNCIA COGNITIVA

Por que as pessoas fumam, mesmo sabendo que fumar faz mal

Sempre existe uma grande diferença entre o que pensamos e o que fazemos: quando fazemos algo, mesmo sabendo que aquilo é imoral, errado ou absurdo, a consciência reclama. O psicólogo Leon Festinger usou o termo "dissonância cognitiva" para descrever o estado mental em que as ações não guardam relação com as crenças. Por exemplo, quando damos uma palmada em uma criança e condenamos a violência.

No entanto, por que temos tanta dificuldade em reconhecer nossos erros? Por que chegamos ao ponto de defender nossas ações quando nos questionam quanto às imperfeições delas? Em vez de pedir desculpas, apelamos para um dos atributos humanos mais desagradáveis: justificar-se. Ele funciona como um mecanismo de defesa, que nos permite dormir à noite e nos livra da insegurança. Vemos apenas o que queremos e desprezamos qualquer coisa que contrarie nossa visão. Buscamos argumentos que possam reforçar nossa posição.

Sendo assim, como superar essa dissonância? A resposta é: mudando de comportamento ou de atitude.

"Um grande país é como um grande homem: quando comete um erro, toma consciência dele. Ao tomar consciência, admite o erro. Ao admitir o erro, corrige-o. O grande homem considera quem o critica seu mais benevolente instrutor."

Lao Tsé

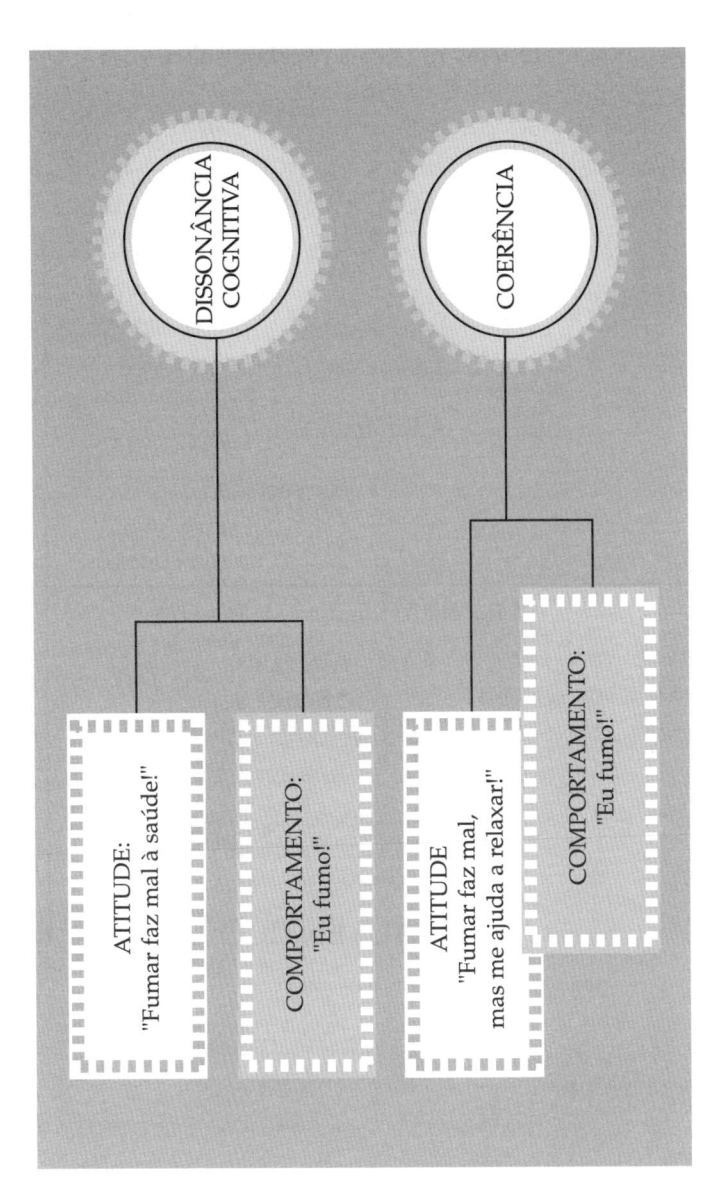

DISSONÂNCIA COGNITIVA

ATITUDE:
"Fumar faz mal à saúde!"

COMPORTAMENTO:
"Eu fumo!"

COERÊNCIA

ATITUDE
"Fumar faz mal,
mas me ajuda a relaxar!"

COMPORTAMENTO:
"Eu fumo!"

Qual foi a última vez que você percebeu em si uma dissonância cognitiva? E no seu parceiro?

A MATRIZ MUSICAL

O que suas preferências musicais revelam sobre você

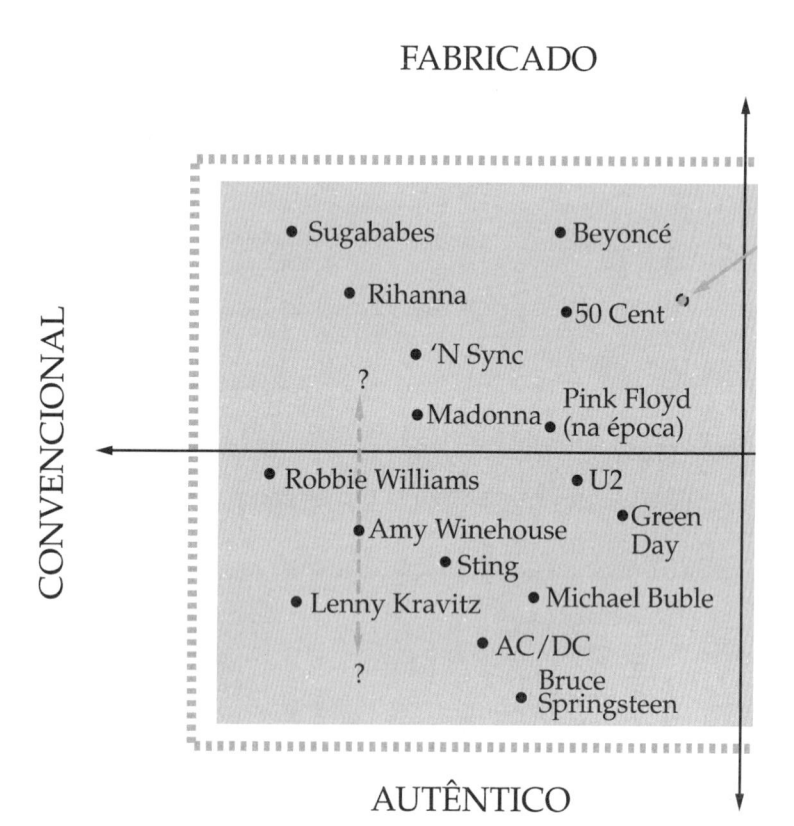

Insira na matriz seus artistas favoritos.

FABRICADO

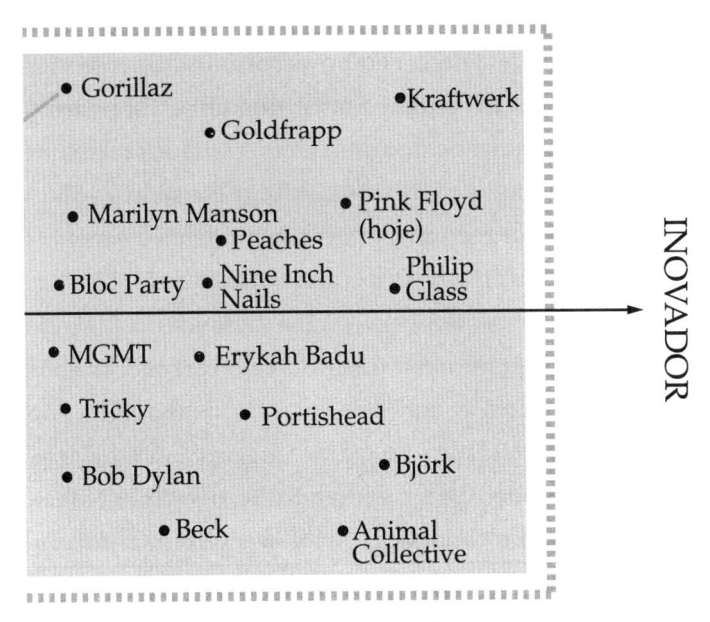

Gorillaz
Kraftwerk
Goldfrapp
Marilyn Manson
Pink Floyd (hoje)
Peaches
Bloc Party
Nine Inch Nails
Philip Glass
MGMT
Erykah Badu
Tricky
Portishead
Bob Dylan
Björk
Beck
Animal Collective

INOVADOR

AUTÊNTICO

O MODELO
INIMAGINÁVEL

**Quais são as coisas em que você acredita,
mas não pode provar?**

Modelos explicam como as coisas se conectam, como devemos agir ou o que devemos — ou não — fazer. Mas será que eles nos impedem de ver como as coisas realmente são?

Já no século XVIII, Adam Smith nos advertia sobre o perigo de nos deixarmos dominar pelo amor aos sistemas abstratos. Dois séculos mais tarde, Albert Einstein ganhou o Prêmio Nobel por reconhecer que os modelos e sistemas "lógicos" são, em última análise, uma questão de fé. Thomas Kuhn, filósofo e historiador da ciência, defendeu a ideia de que a ciência em geral age no sentido de corroborar seus modelos e reage com ignorância quando os modelos não correspondem à realidade — o que acontece com frequência. Essa percepção pode não ter dado a Kuhn o Prêmio Nobel, mas ele conseguiu a cadeira de professor em uma universidade renomada.

Em geral, acreditamos nos modelos de tal forma que eles assumem o status de realidade. Um exemplo disso é a prova ontológica da existência de Deus, elaborada por Kant em sua filosofia. Kant afirmou que, como podemos imaginar um ser tão perfeito quanto Deus, logo ele deve existir. Também em nossa vida diária podemos encontrar exemplos de como aceitamos cegamente os modelos como se eles fossem a "realidade". Por exemplo, se nos dizem que a humanidade é cheia de cobiça e egoísmo, esse modelo de comportamento pode ser inconscientemente internalizado e imitado.

"Detesto a realidade, mas ela ainda é o melhor lugar para se conseguir um bom filé."

Woody Allen

Ver também: O modelo da caixa-preta (p. 124), O próximo supermodelo do mundo (p. 152)

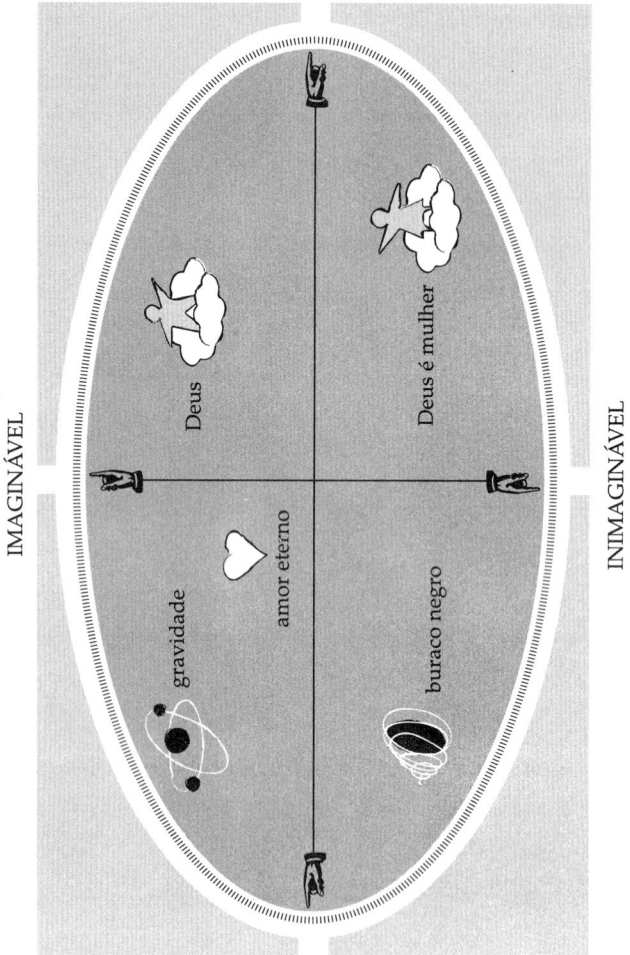

IMPROVÁVEL

IMAGINÁVEL

INIMAGINÁVEL

PROVÁVEL

Deus

Deus é mulher

gravidade

amor eterno

buraco negro

Em que você acredita apesar de não dispor de provas? Em que você acredita mesmo sem entender as provas?

O MODELO DE UFFE ELBÆK

Como conhecer a si mesmo

Se você quiser ter uma compreensão geral de si mesmo e dos outros, o barômetro da opinião pública, elaborado por Uffe Elbæk, é um bom ponto de partida. Ele revela características e tendências comportamentais.

Você deve saber que sempre está sujeito a quatro perspectivas diferentes:

- Como você se vê
- Como gostaria de se ver
- Como é visto pelos outros
- Como os outros gostariam de vê-lo

Como proceder

- Sem parar para pensar, pontue-se nas seguintes questões, em uma escala de 1 a 10: até que ponto você trabalha bem em equipe e até que ponto é individualista? Você presta mais atenção ao conteúdo ou à forma? O que é mais importante para você: o corpo ou a mente? Você se sente mais global do que local? Use um lápis para ligar os pares de opostos.
- A seguir, pegue um lápis de cor diferente e marque na escala como gostaria de se ver.
- Crie seus próprios eixos (rico-pobre, alegre-triste, extrovertido-introvertido).

Atenção! Você está apenas criando um instantâneo. Observe que a soma de cada eixo deve ser sempre igual a dez (você não pode atribuir dez pontos ao atributo *local* e dez pontos também ao atributo *global*).

O que o impede de ser o que gostaria?

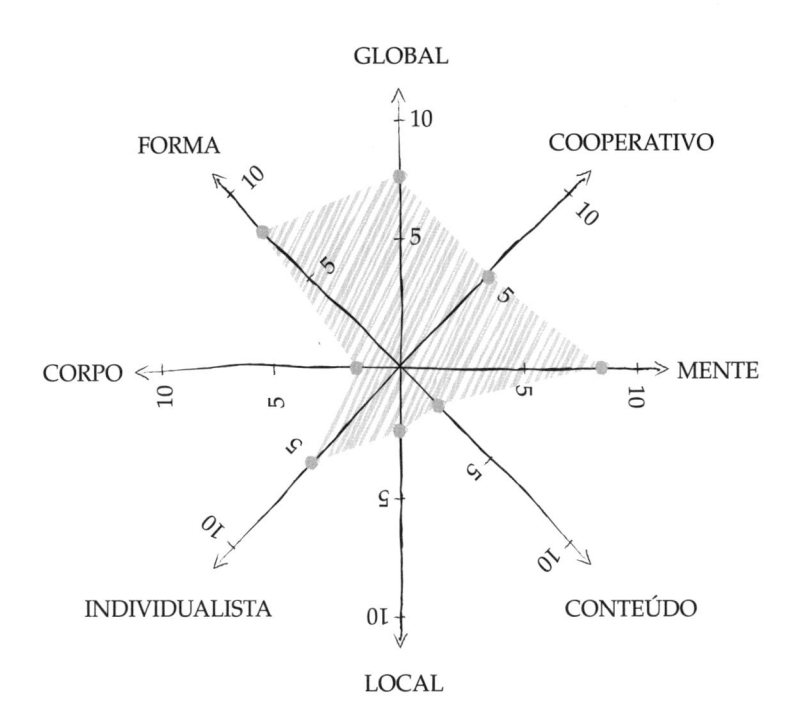

Desenhe o modelo que o representa. Então peça a seu parceiro ou a um amigo para desenhá-lo para você. Compare os resultados.

O MODELO DA MODA

Como nos vestimos

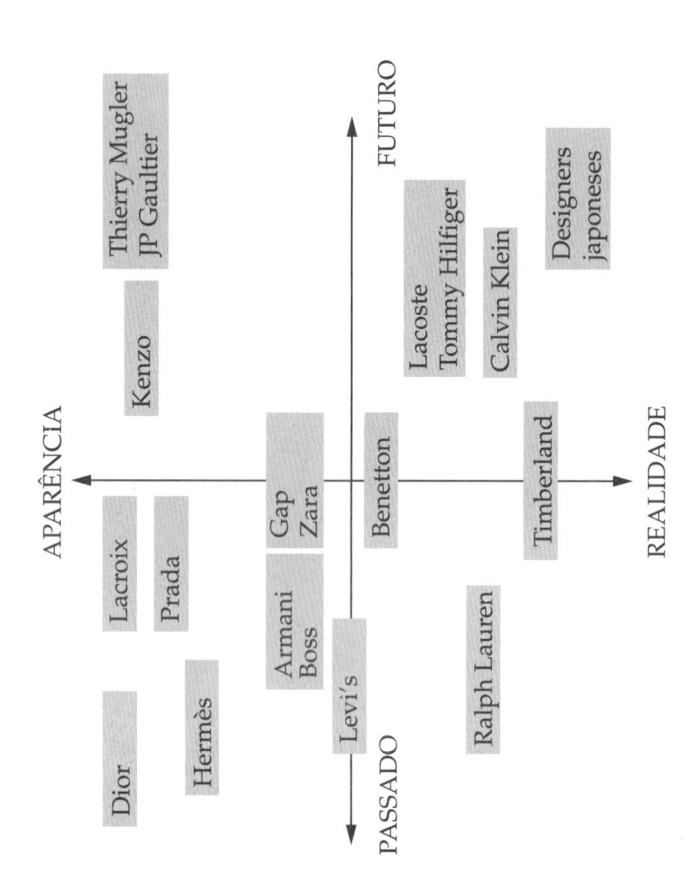

O escritor Eric Sommier criou este modelo em que situa marcas de roupas muito conhecidas.

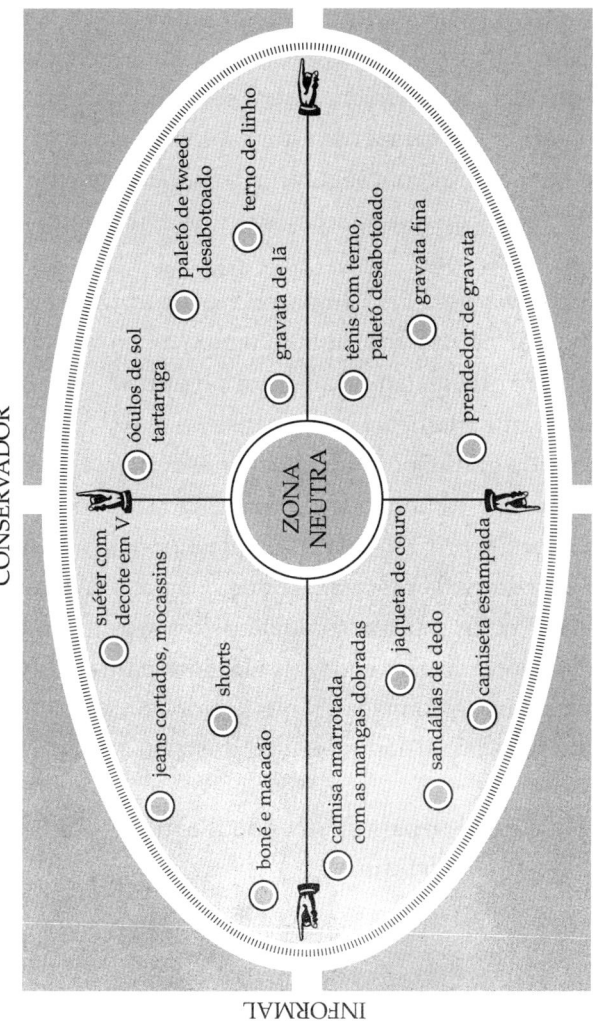

FORMAL

CONSERVADOR

MODERNO

INFORMAL

ZONA NEUTRA

terno de linho

paletó de tweed desabotoado

óculos de sol tartaruga

gravata de lã

suéter com decote em V

tênis com terno, paletó desabotoado

gravata fina

prendedor de gravata

jeans cortados, mocassins

shorts

boné e macacão

camisa amarrotada com as mangas dobradas

jaqueta de couro

sandálias de dedo

camiseta estampada

A arte de se vestir sem exagero.

O MODELO DA ENERGIA

Você vive no presente?

Com muita frequência, ouvimos que devemos viver "aqui e agora". Como fazer isso? O escritor suíço Pascal Mercier aconselha: "É um erro, uma violência sem sentido, concentrar-se no aqui e agora com a certeza de estar captando o essencial. O importante é se mover com segurança e calma, com o humor e a melancolia adequados, na paisagem interna temporal e espacial que somos nós."

Aqui vai uma pergunta imparcial: quanto tempo você dedica a pensar no passado, quanto tempo a pensar sobre o "aqui e agora" e quanto tempo a pensar no futuro? Em outras palavras: com que frequência você pensa no que já aconteceu com saudade ou gratidão? Com que frequência tem a sensação de estar realmente concentrado no que está fazendo em um momento específico? Com que frequência imagina o que o futuro pode trazer e se preocupa com o que pode acontecer?

Os três exemplos mostrados no modelo a seguir também podem representar valores culturais: voltados para o passado, na nostálgica Europa; sonhadores, nos Estados Unidos, a "terra da oportunidade"; realistas, na Ásia industrial.

Você não pode mudar o passado, mas pode arruinar o presente preocupando-se com o futuro.

Ver também: O modelo da encruzilhada (p. 46)

NOSTÁLGICO

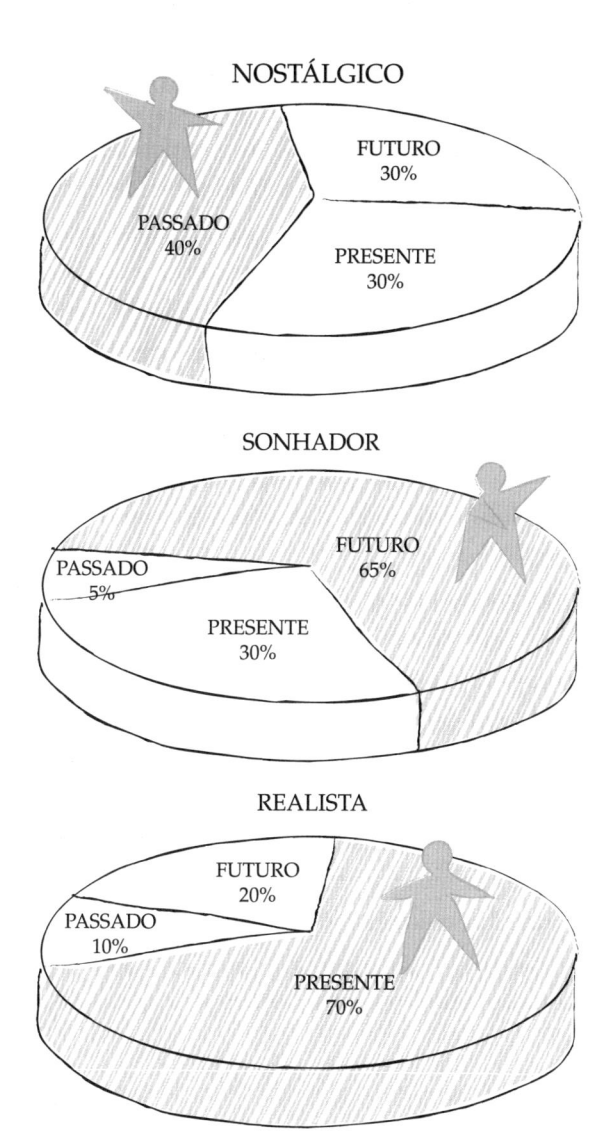

Represente quanto tempo você dedica ao passado, ao presente e ao futuro.

O MODELO SUPERMEMO

Como se lembrar de tudo o que você já aprendeu

A memória de longo prazo tem dois componentes: recuperabilidade e estabilidade. A recuperabilidade determina a facilidade com que nos lembramos de alguma coisa. Ela depende da distância entre a informação e a superfície da consciência. A estabilidade, por outro lado, está relacionada à intensidade com que a informação está ancorada no cérebro. Algumas lembranças têm alto nível de estabilidade mas baixa recuperabilidade. Experimente tentar se lembrar do número de um antigo telefone seu — você provavelmente não conseguirá. No entanto, se o número surgir à sua frente, você o reconhecerá de imediato.

Imagine que está aprendendo chinês. Você aprendeu uma palavra e a memorizou. Se não praticar, com o tempo ficará cada vez mais difícil se lembrar dela. O tempo necessário para esquecê-la completamente pode ser calculado, e, em condições ideais, você deve ser reapresentado à palavra exatamente quando estiver no processo de esquecê-la. Quanto mais você rever a palavra, mais prolongada será a lembrança que terá dela. Esse programa de aprendizagem é chamado SuperMemo, criado pelo pesquisador polonês Piotr Woźniak.

"O importante não é o que sabemos, é o que conseguimos lembrar."

Jan Cox

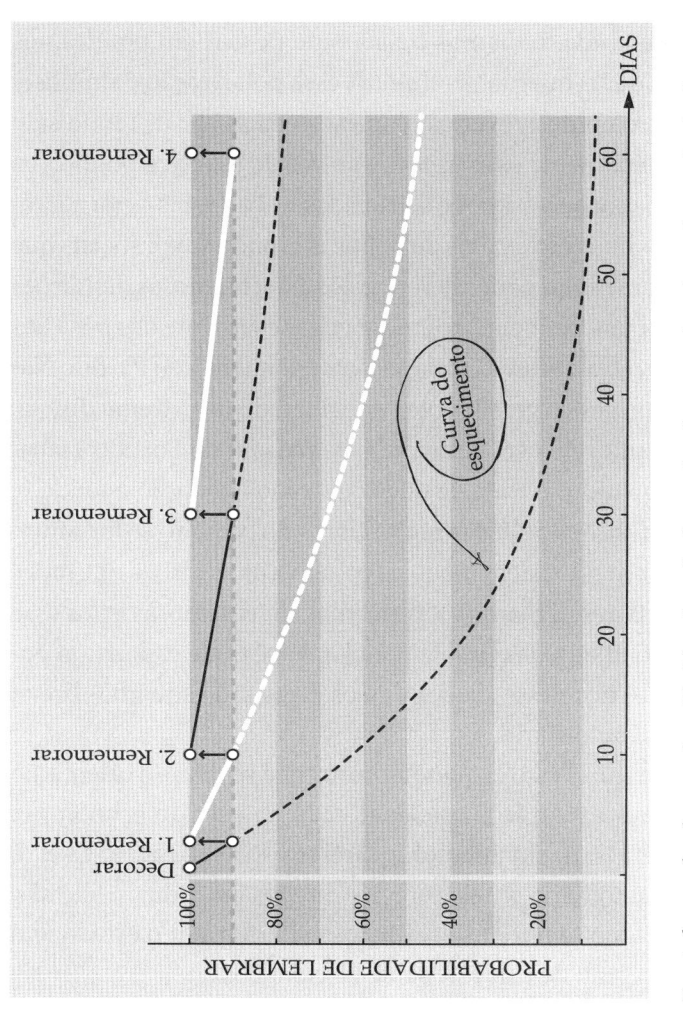

Depois de aprender alguma coisa, o ideal é reativar a lembrança daquilo nos seguintes intervalos: um dia, dez dias, trinta dias e sessenta dias.

A BÚSSOLA POLÍTICA

O que os partidos políticos representam

Embora ainda tenhamos o hábito de pensar em política nos termos de "esquerda" e "direita", essa polarização é simplista demais para descrever o complexo cenário atual. Tendo sido tradicionalmente os extremos opostos do espectro político, os partidos conservadores e os partidos trabalhistas se tornaram tão próximos em termos de políticas econômicas e sociais que não sobra muito para diferenciá-los. No entanto, as definições tradicionais também podem ser enganosas. Por suas posições em relação a questões raciais e ao nacionalismo, o Partido Nacional Britânico geralmente é considerado de extrema direita. No entanto, ele fica à esquerda até mesmo do Partido Trabalhista quando se trata de questões como habitação e saúde.

As divisões políticas muito claras do passado se tornaram difusas, mas existem modelos para medir as visões e atitudes dos eleitores. Uma das ferramentas mais famosas para esse fim é chamada de bússola política. Você pode captar sua posição política nesse modelo, cujos eixos são esquerda-direita e liberal-autoritário.

Note que o eixo esquerda-direita não se refere à orientação política no sentido tradicional, mas no sentido econômico: esquerda = nacionalização; direita = privatização. O eixo liberal-autoritário se relaciona aos direitos individuais: liberal = o indivíduo tem todos os direitos; autoritário = o estado tem um alto grau de controle sobre os cidadãos.

"Sempre radical, jamais coerente."

Walter Benjamin

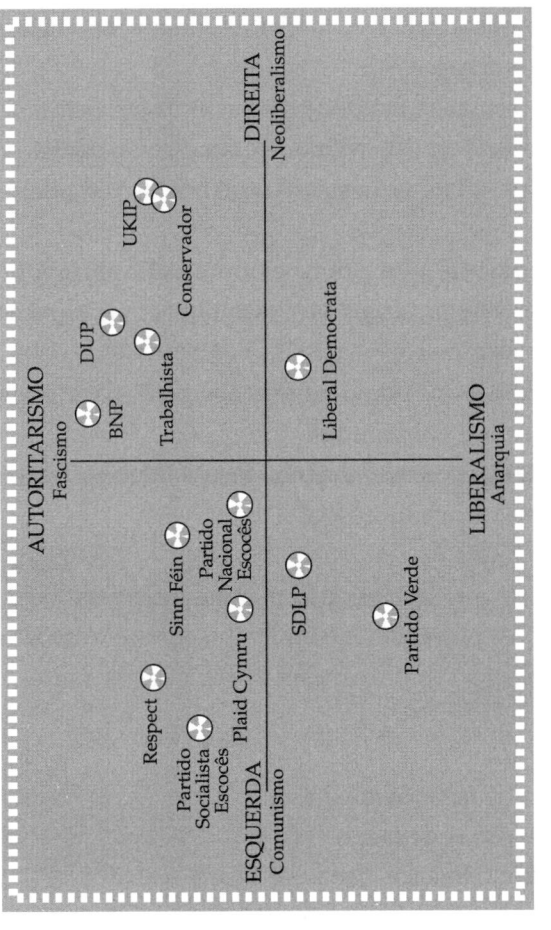

Análise do cenário político do Reino Unido elaborada pela organização politicalcompass.org na época das eleições gerais de 2010. Veja em que região você se situaria. Onde você estaria?

*BNP = Partido Nacional Britânico; DUP = Partido Unionista Democrático; UKIP = Partido pela Independência do Reino Unido; SDLP = Partido Social-Democrata Trabalhista da Irlanda; Plaid Cymru = Partido Separatista do País de Gales; Sinn Féin = Movimento Separatista Irlandês; Respect = Partido Socialista da Inglaterra e País de Gales. (*N. da T.*)

O MODELO DO DESEMPENHO PESSOAL

Como saber se devemos mudar de emprego

Muita gente é infeliz no trabalho, mas como é possível quantificar a insatisfação profissional? Este modelo ajudará você a avaliar sua situação no emprego.

Durante três semanas, faça todas as tardes as três perguntas a seguir e insira sua resposta no modelo, atribuindo pontos em uma escala de 1 (totalmente falso) a 10 (totalmente verdadeiro):

- **Tenho que**. Até que ponto estou sendo obrigado a realizar as tarefas atuais ou essas tarefas me parecem desgastantes?
- **Sou capaz**. Até que ponto minhas obrigações correspondem às minhas habilidades?
- **Quero**. Até que ponto minhas obrigações atuais correspondem ao que realmente desejo?

Depois de três semanas, analise as formas das diferentes "velas". Se você estiver "se movendo", seu trabalho oferece variedade. Se a forma da vela for sempre a mesma, pergunte-se o seguinte:

- O que eu quero?
- Sou capaz de fazer o que quero?
- O que sou capaz de fazer?
- Quero fazer o que sou capaz de fazer?

Se você não é capaz de fazer algo, deve trabalhar isso.

Ver também: O modelo do fluxo (p. 50), O modelo dos elásticos (p. 26)

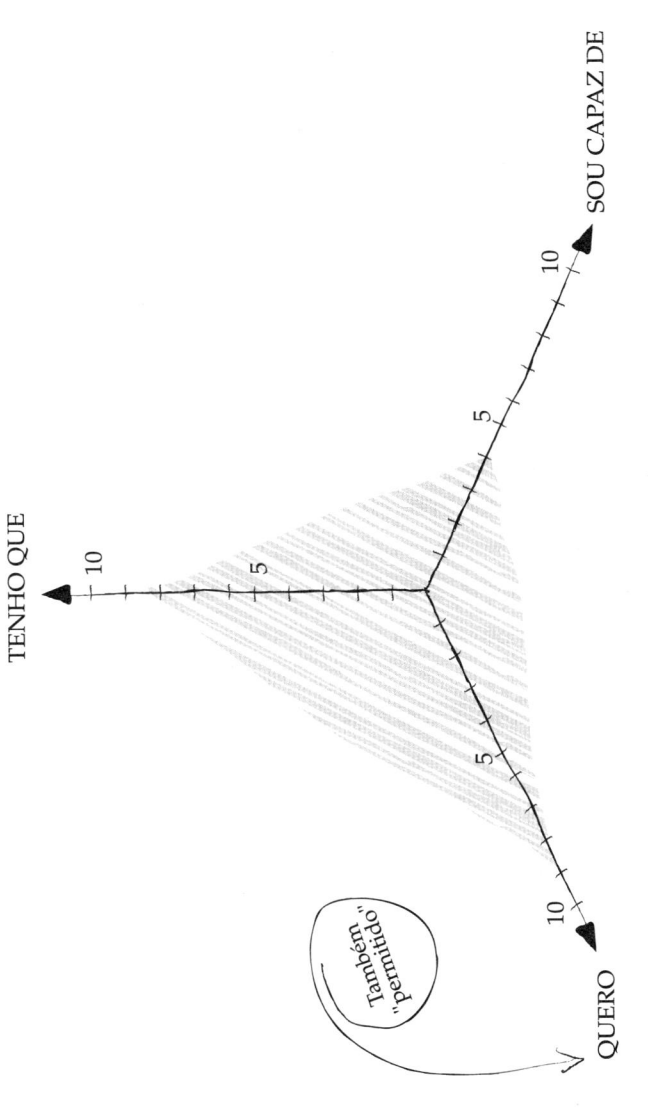

TENHO QUE

SOU CAPAZ DE

QUERO

Também "permitido"

Até que ponto suas tarefas atuais são imposições? Até que ponto elas combinam com suas habilidades e correspondem ao que você quer?

O MODELO DO *MAKING-OF*

Para decidir seu futuro, comece por entender seu passado

Quando o assunto são decisões estratégicas, geralmente focamos no futuro. Nossos sonhos se realizam no futuro e nossas esperanças se concentram na realização desses sonhos. Por quê? Talvez porque pensemos que podemos determinar nosso futuro. No entanto, tendemos a esquecer que todo futuro tem um passado, e o passado é o alicerce sobre o qual o construímos.

Por essa razão, a pergunta importante não é "Como imagino meu futuro?", mas "Como posso criar uma conexão, uma ponte, entre passado (por exemplo, de um projeto) e futuro?" Este modelo, inspirado por um sistema de planejamento visual criado pela agência de consultoria The Grove, ajudará você a identificar o que foi relevante no seu passado, o que pode ser esquecido e, ainda, o que deve ser levado com você para o futuro.

Eis como o modelo funciona: defina uma linha temporal — por exemplo, o ano passado, a época da escola, o casamento, o tempo transcorrido entre a fundação de uma empresa e os dias atuais. Então, sozinho ou em grupo, relembre o início daquele período. A seguir, marque na linha de tempo:

- As pessoas envolvidas
- Suas metas (na época)
- Os sucessos
- Os obstáculos superados
- O que você aprendeu

Depois de preenchido, o modelo revela a importância que você atribui ao passado.

"A memória é o único paraíso do qual não podemos ser expulsos."

Jean Paul

METAS
(na época)

O QUE VOCÊ APRENDEU

OBSTÁCULOS
(que superou)

SUCESSOS

PESSOAS

Escolha um período e anote o seguinte:
Quais eram suas metas no início do período?
O que você aprendeu? Que obstáculos superou?
Quais foram suas realizações?
Quem desempenhou um papel importante?

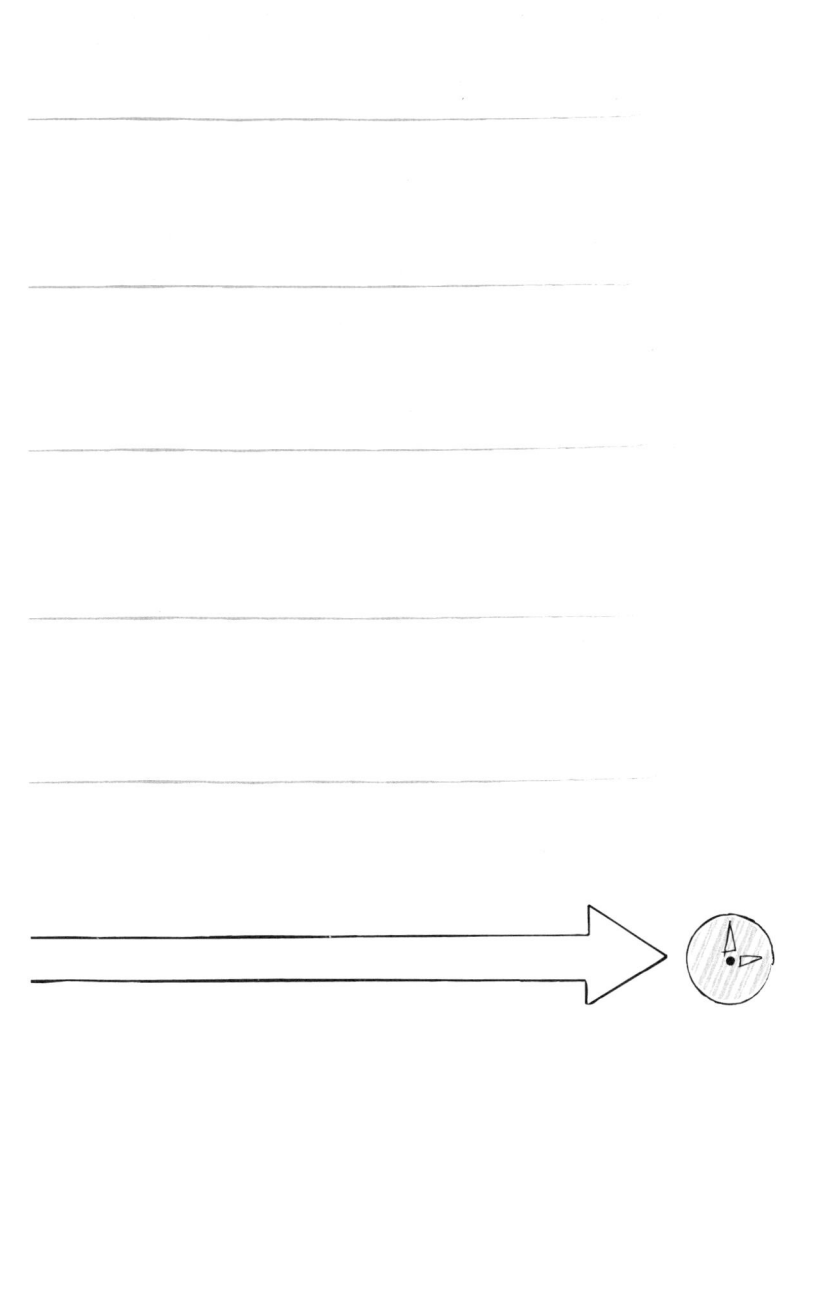

A ARMADILHA DO POTENCIAL PESSOAL

Por que é melhor não criar expectativas

"Um rapaz tão promissor..." Quem tiver ouvido essa frase a respeito de si mesmo já pode imaginar o que está por trás da armadilha do potencial pessoal: uma vida tentando cumpri-lo.

Essa é a maldição das pessoas de talento. Os outros dizem que "ele/ela só precisa descobrir o que realmente deseja". Ninguém enxerga as deficiências, e todos admiram os sucessos desses indivíduos pela facilidade que eles têm em realizar certas funções. Para começar, o talentoso é beneficiado pela combinação atraente, porém fatal, de talento e carisma. Qualquer um — até mesmo os idiotas — pode trabalhar muito: então o talentoso é obrigado, dos bastidores, a se ver superado justamente por aqueles que no passado o admiravam ou invejavam.

A armadilha do potencial pessoal pode ser representada com precisão. Neste modelo, temos três curvas:

- O que espero de mim
- O que os outros esperam de mim
- O que realizei de fato

A armadilha é criada assim que as expectativas dos outros e suas realizações divergem demais. Em geral, o indivíduo talentoso avança sem obstáculos até atingir um ponto de crise. Para avançar, será preciso prometer 80 e fornecer 120.

Você está preparado para esperar de si menos do que aquilo que, em sua opinião, os outros esperam de você?

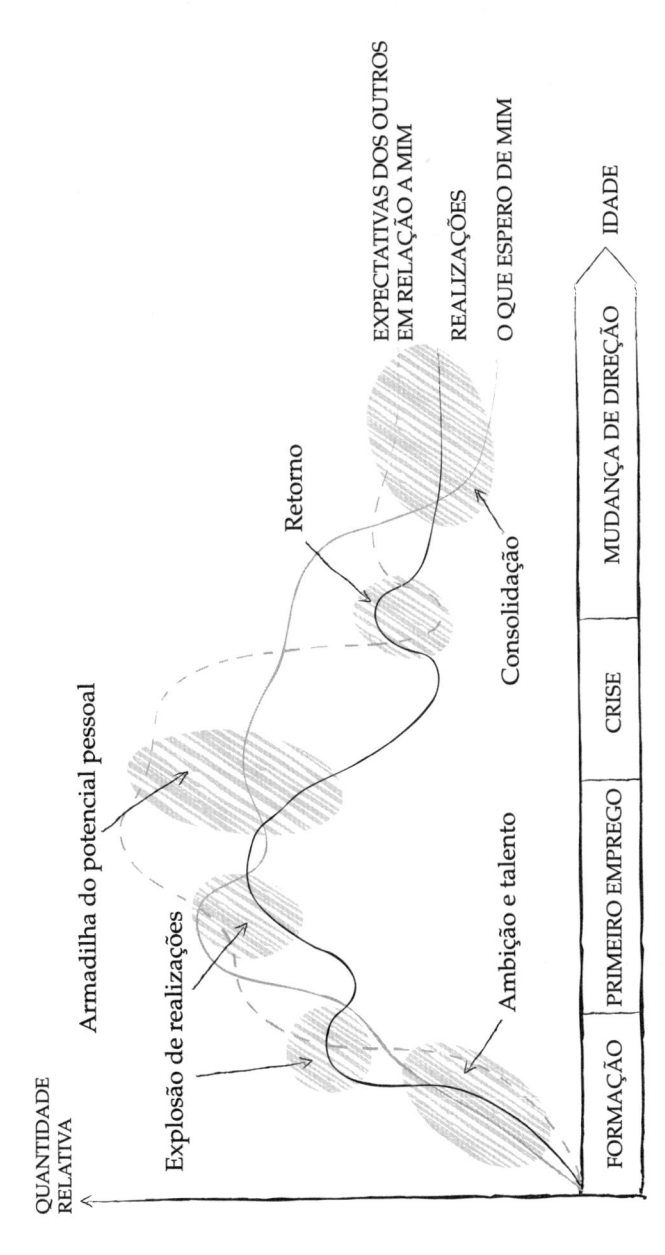

QUANTIDADE RELATIVA

Armadilha do potencial pessoal

Explosão de realizações

Retorno

Ambição e talento

Consolidação

EXPECTATIVAS DOS OUTROS EM RELAÇÃO A MIM

REALIZAÇÕES

O QUE ESPERO DE MIM

| FORMAÇÃO | PRIMEIRO EMPREGO | CRISE | MUDANÇA DE DIREÇÃO | IDADE |

O modelo mostra três curvas: minha expectativa a meu respeito, a expectativa dos outros em relação a mim e minhas realizações. Se as curvas forem muito divergentes, você cairá na armadilha do potencial pessoal.

O CICLO DAS EXPECTATIVAS EXAGERADAS

Como identificar o próximo modismo

Eis algumas perguntas que as pessoas mais inteligentes das maiores empresas estão fazendo neste exato momento: "Será que o Facebook vai sobreviver?"; "O 'Bing' da Microsoft vai crescer?"; "Qual será o próximo modismo?"; "Será relevante e útil — e as pessoas vão adorá-lo?"

Ninguém sabe as respostas para essas perguntas, mas profissionais da empresa de consultoria Gartner, de Stamford, nos Estados Unidos, talvez tenham mais noção do que a maioria. Eles inventaram um modelo chamado "hype cycle" (ou "ciclo das expectativas exageradas") para caracterizar o entusiasmo excessivo e a decepção subsequente que geralmente acompanham as novas tecnologias.

O que as pessoas adoram na tecnologia é o fato de que ela costuma funcionar. O e-mail funciona. A internet, se você dispuser de algum tempo, também funciona. As mensagens de texto funcionam. O que tudo isso tem em comum? Essas tecnologias passaram por cada uma das cinco fases do ciclo das expectativas exageradas:

1. **Gatilho da tecnologia**. O produto entra no mercado e ouvimos falar sobre ele por toda parte: "Você já conhece a novidade?"
2. **Pico das expectativas inflacionadas**. A divulgação atingiu o auge, mas as pessoas começam a encontrar defeitos. Ouvimos: "É, é ótimo, mas..."
3. **Vale da desilusão**. O produto não atende às expectativas. Pessoas antiquadas o utilizam. Você escuta: "É a mesma coisa de quatro anos atrás."

4. **Ladeira do esclarecimento**. A mídia para de falar sobre a tecnologia, a expectativa acabou. Nesse ponto, muitas tecnologias simplesmente desaparecem. No entanto, algumas áreas da indústria podem continuar a experimentá-la. Elas podem mudar a versão original ou encontrar novas funções para a tecnologia. O que se ouve: "Nunca tinha pensado assim, mas isso pode ser usado de outra maneira..."

5. **Platô da produtividade**. Os benefícios da tecnologia ficam amplamente demonstrados e aceitos. Geralmente isso acontece na versão 2.0 ou 3.0, que emerge da fase experimental para se transformar em um sucesso. Já não ouvimos falar nela. As pessoas simplesmente a utilizam.

O amor é eterno enquanto dura.

Ver também: O abismo (p. 120)

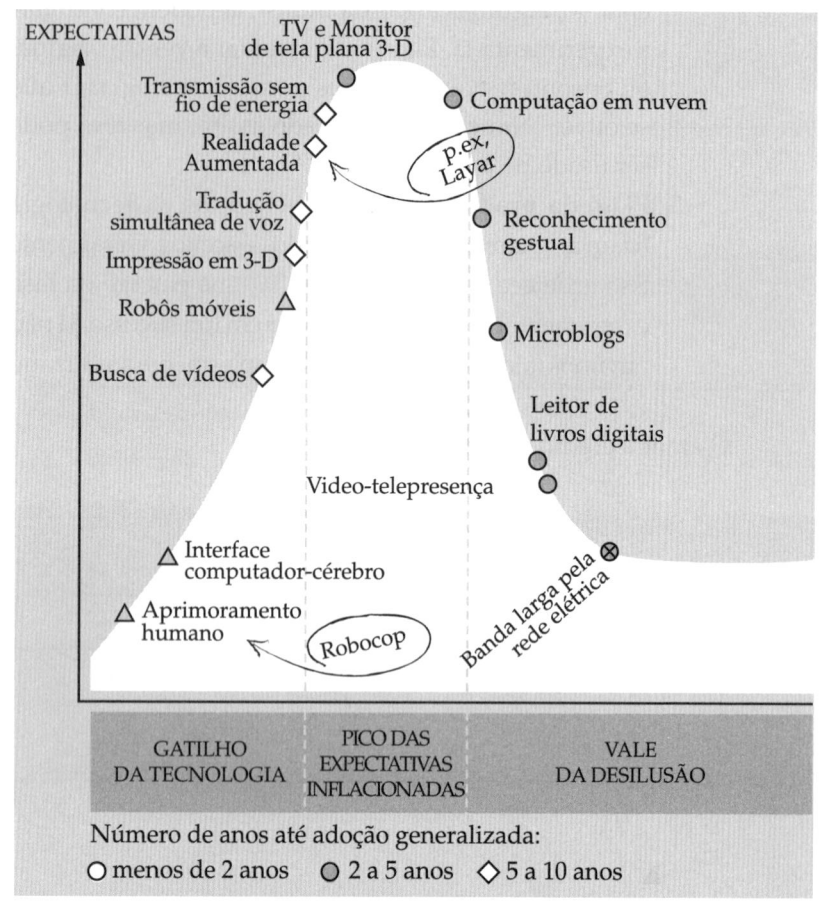

O ciclo das expectativas exageradas também pode se aplicar aos relacionamentos: no início, estamos no topo do mundo. Então começamos a ter dúvidas. Depois de algum tempo, ou nos separamos ou assumimos um compromisso de longo prazo.

iPad

Tablet PCs
sem teclado

Aplicações
"conscientes"
de localização

lembra-se do
Second Life?

Reconhecimento de voz

Papel eletrônico

Sistemas de micropagamentos para Internet

Venda de aplicativos para celular

Comunidades virtuais

→ TEMPO

LADEIRA
DO ESCLARECIMENTO

PLATÔ DA
PRODUTI-
VIDADE

△ mais de 10 anos ⊗ obsoleto antes do platô

O MODELO DOS SINAIS SUTIS

Por que as nuances são importantes

Quem trabalha com pessoas sabe que a informação nem sempre flui para onde deve, que os departamentos competem entre si em vez de se apoiarem e que, no lugar de se basearem em fatos, os gerentes decidem com base nas estratégias que parecem bacanas. De acordo com o teórico organizacional Elliott Jaques, "a administração nos dias atuais está na mesma situação em que estavam as ciências naturais no século XVII. No campo da administração não existe um único conceito sólido sobre o qual possamos construir uma teoria que possa ser provada".

Por que algumas equipes trabalham bem em conjunto e outras, não? Quais são as diferenças sutis entre as estruturas que funcionam e as que não funcionam? A resposta é: não sabemos. Contudo, graças ao jornalista norte-americano Mark Buchanan, sabemos que a comunicação é vital para um ambiente de trabalho saudável e que a comunicação ocorre em dois níveis: *o que* é dito e *como* aquilo é dito.

O laboratório de mídia do MIT (Instituto de Tecnologia de Massachusetts) acompanhou o trabalho de equipes de criação em um grande banco para encontrar as respostas para as seguintes perguntas: quem está dizendo o que a quem? Quem age quando, com que frequência e em que direção? Em que tom de voz A fala com B? Quem está estressado e quem parece estar sofrendo de esgotamento?

Essa prática que lembra o Big Brother na verdade se chama "minerar a realidade". No caso do banco, a iniciativa revelou o seguinte: aqueles que conversavam muito com outros e liam muitos e-mails — relacionados a trabalho e também particulares — pareciam mais felizes e também eram mais produtivos do que aqueles que se concentravam apenas no trabalho.

Com quem você mais conversa? A opinião de quem você valoriza mais?

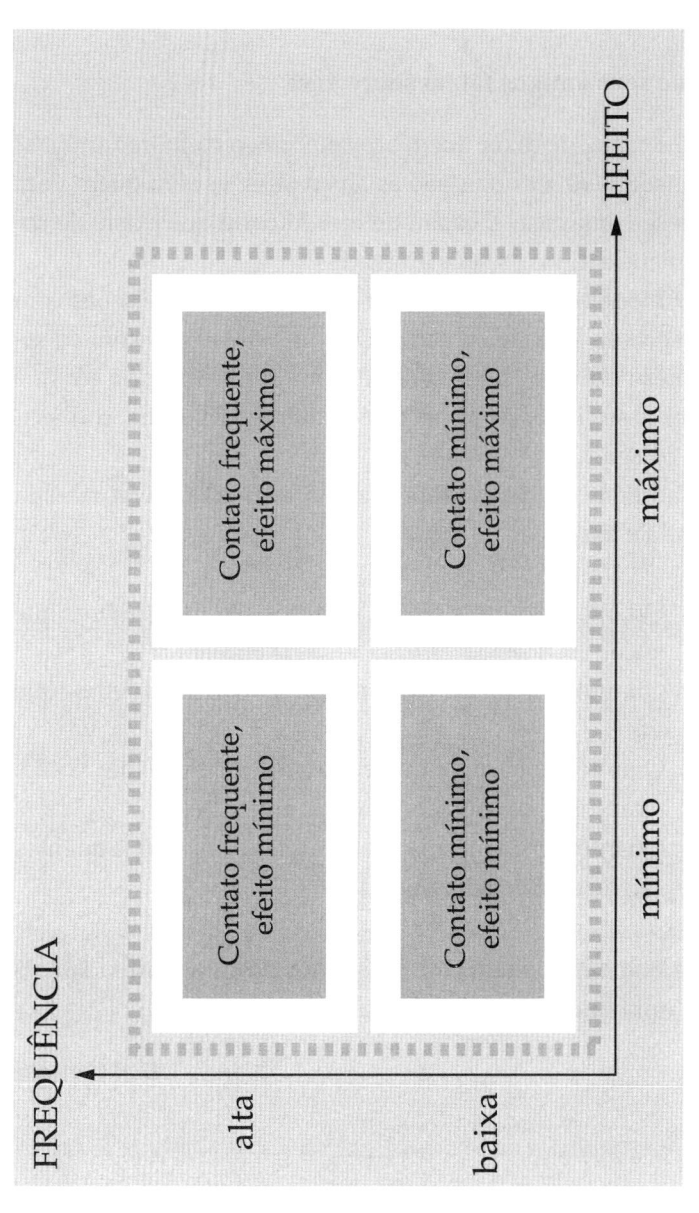

FREQUÊNCIA

Contato frequente, efeito mínimo	Contato frequente, efeito máximo
Contato mínimo, efeito mínimo	Contato mínimo, efeito máximo

alta

baixa

mínimo

máximo

EFEITO

Com quem você fala, com que frequência e quais as consequências dessas conversas? Distribua pela matriz suas discussões com os colegas.

O MODELO DA REDE DE COMUNICAÇÃO

O que seus amigos falam sobre você

Você é capaz de dizer quem são seus cinco melhores amigos? E consegue dizer quais são as cinco pessoas com quem você mais se comunica? É capaz de identificar o que existe de comum entre todas as suas amizades?

O modelo a seguir procura estruturar suas relações com base na sua lista de contatos. Divida-a de acordo com os seguintes critérios: quem você vê, com que frequência e a que grupo esses indivíduos pertencem (amigos, família, conhecidos, colegas).

Também é interessante fazer o seguinte: percorra sua agenda e anote:

- Quantos são mais ricos e quantos são mais pobres que você.
- Quantos são mais jovens e quantos são mais velhos que você.
- Quantos você acha que são mais atraentes que você e quantos você considera menos atraentes.
- Quantos têm a mesma nacionalidade que você e quantos são de outra nacionalidade.

"Um homem que não convive com a própria família jamais será um homem de fato."

Don Corleone

Ver também: O modelo da árvore genealógica (p. 31)

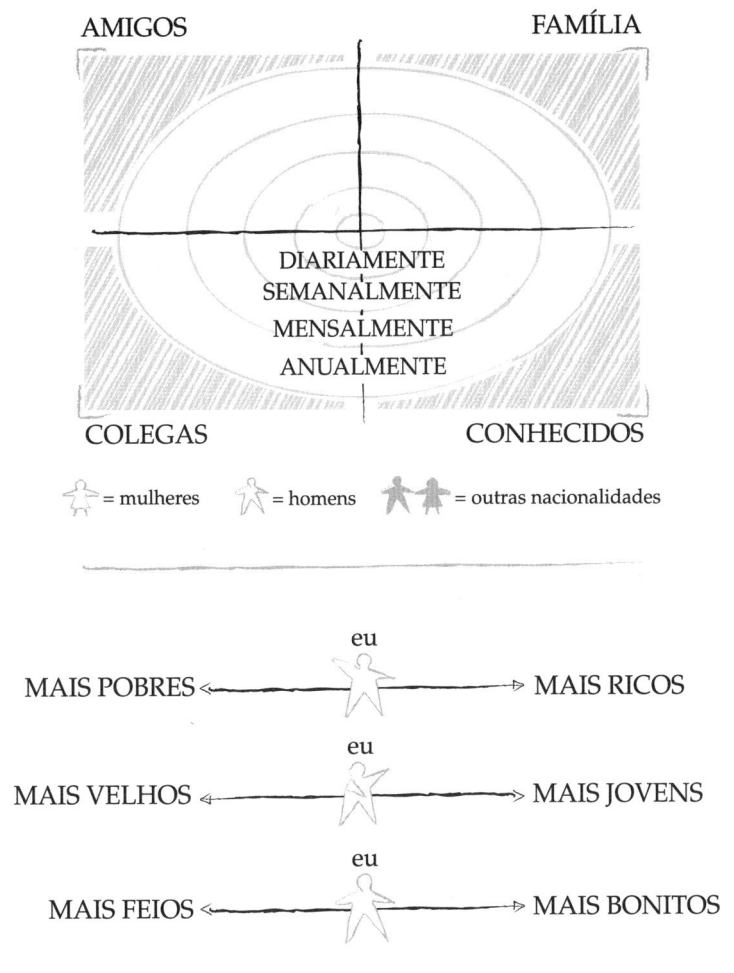

AMIGOS   FAMÍLIA

DIARIAMENTE
SEMANALMENTE
MENSALMENTE
ANUALMENTE

COLEGAS   CONHECIDOS

= mulheres   = homens   = outras nacionalidades

eu
MAIS POBRES ⟵————————⟶ MAIS RICOS

eu
MAIS VELHOS ⟵————————⟶ MAIS JOVENS

eu
MAIS FEIOS ⟵————————⟶ MAIS BONITOS

No modelo, escreva os nomes de seus amigos e colegas e com que frequência você os vê. Quem você gostaria de ver mais? Quem você preferiria ver menos?

O MODELO DO CONHECIMENTO SUPERFICIAL

Tudo o que você não precisa saber

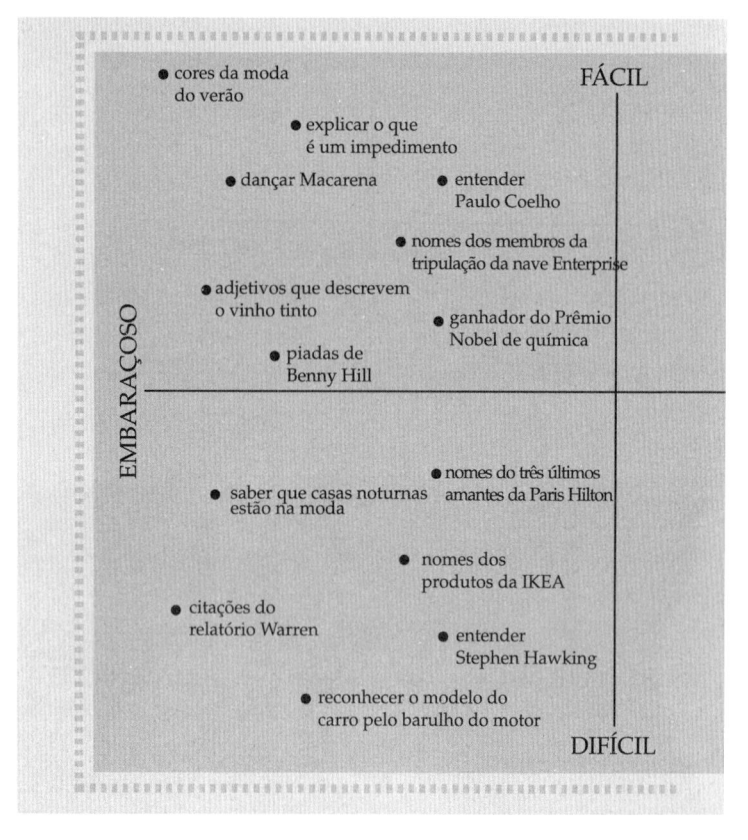

O conhecimento pode causar admiração — ou entediar as pessoas.
O que você sabe? Comece pelo campo superior direito.

- todos os países membros da UE
- passos da valsa vienense
- manequim do seu cônjuge
- os Dez Mandamentos
- cidades que abrigaram as dez últimas Olimpíadas
- valor de pi com quatro casas decimais
- tempo para preparar um ovo quente a 2 mil metros de altitude
- receita do coquetel Cosmopolitan

- tamanho do sutiã de sua parceira
- três aforismos de Nietzsche
- temas musicais de séries de TV populares nos anos 1980
- nomes dos homens-bomba do 11 de setembro
- explicação (clara) da física quântica
- algoritmos do Google
- ingredientes da Coca-Cola
- contestação da física quântica

IMPRESSIONANTE

Insira no gráfico:
- os 10 últimos campeões da Copa do Mundo
- "Oi" em sete idiomas
- vinte citações da Bíblia
- Os sete pecados capitais
- a letra do Hino Nacional
- a melodia do Hino Nacional

3. Como entender melhor os outros

O MODELO DO QUEIJO SUÍÇO

Como os erros acontecem

Todo mundo comete erros. Há quem aprenda com eles, enquanto outros os repetem. Apresentamos aqui o que você precisa saber sobre os erros.

Há três tipos diferentes de erro:

- Erros de fato: ocorrem quando o processo errado é executado
- Brancos: ocorrem quando se esquece uma parte do processo
- Deslizes: ocorrem quando o processo certo é executado de forma incorreta

Os erros podem acontecer em diferentes níveis:

- No nível das habilidades
- No nível das regras
- No nível do conhecimento

Diversos fatores contribuem para a ocorrência de erros:

- Pessoas envolvidas: o chefe, a equipe, os colegas, os amigos
- Recursos técnicos: o equipamento, o local de trabalho
- Elementos organizacionais: tarefas a executar, aspectos de tempo
- Influências externas: economia, disposição, condições meteorológicas

O exemplo mais convincente das causas e efeitos dos erros é o modelo do queijo suíço dos erros humanos, proposto por James Reason (1990). O modelo compara os diversos níveis em que os erros acontecem com fatias do queijo Emmental. Em um mundo livre de erros, o queijo não teria buracos. No entanto, no mundo real, o queijo é cortado em fatias finas, e cada uma tem muitos buracos em lugares diferentes. Imagine os buracos como condutores para os erros. Se passam por apenas um buraco de uma das fatias, os erros não são percebidos ou são irrelevantes. No entanto, o erro pode ser catastrófico se os buracos das diversas fatias se alinharem e o erro passar por todos eles, penetrando todas as defesas. O modelo pode ser usado, por exemplo, nos campos da medicina, do controle de tráfego aéreo ou em qualquer área em que os erros possam ter consequências fatais.

"Experiência é como todo mundo chama os próprios erros."

Oscar Wilde

Ver também: O modelo da otimização dos resultados (p. 150)

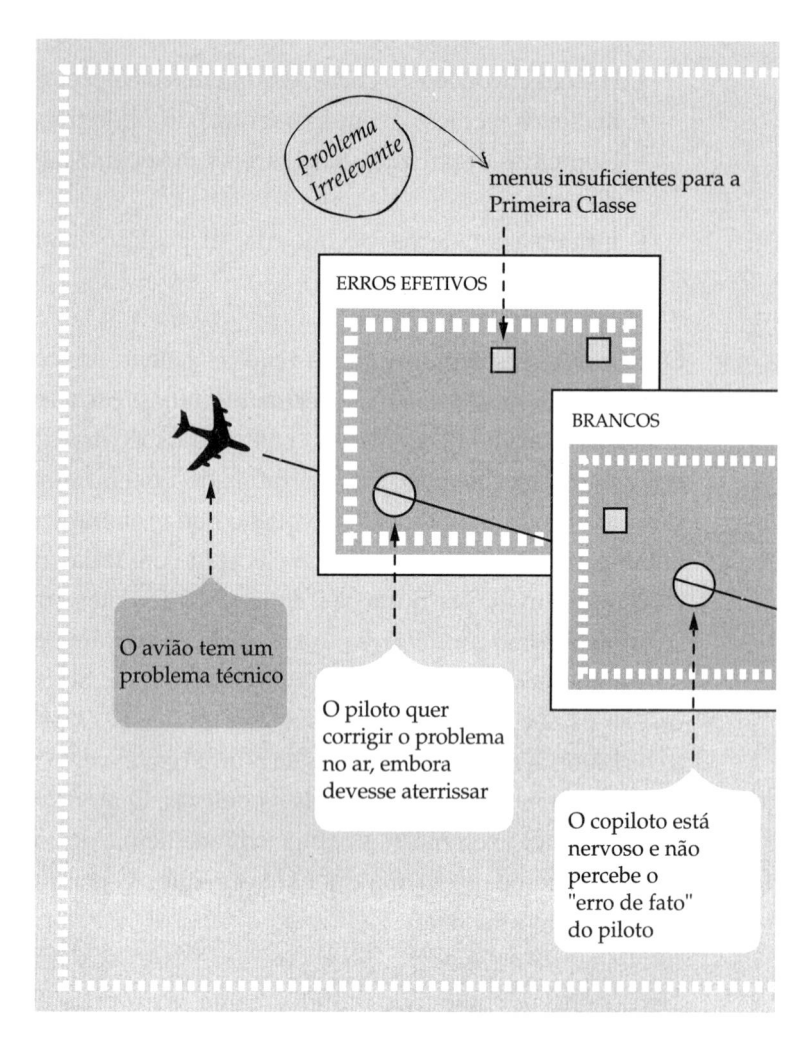

A ilustração mostra o que acontece quando são cometidos erros em
três níveis diferentes e os três "buracos do queijo" estão alinhados:
1. O piloto comete um erro.
2. O copiloto reage incorretamente.
3. Enquanto se tenta corrigir o problema, outro erro é cometido.

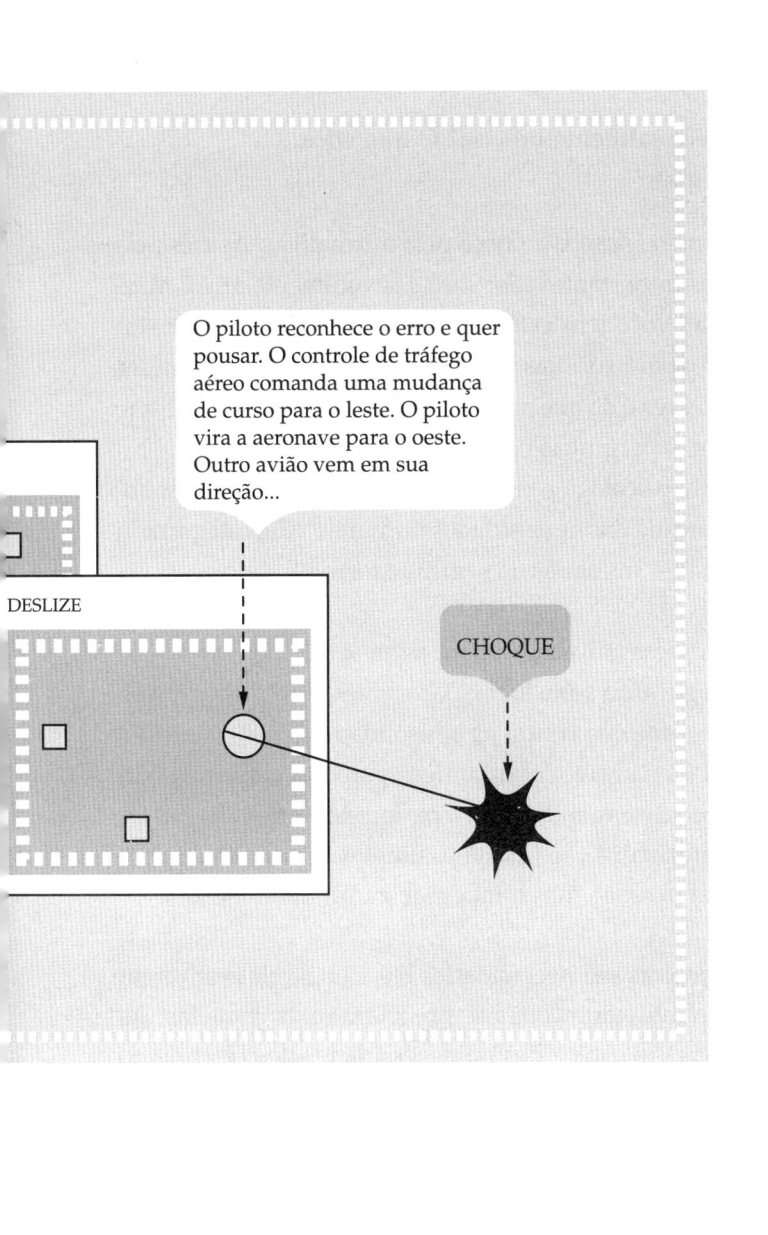

AS PIRÂMIDES DE MASLOW

De que você realmente precisa? O que você realmente quer?

O filme alemão *Hierankl* começa pela afirmativa: "As três perguntas mais importantes são: você é sexualmente ativo? Você tem família? Você tem estímulo intelectual? Responder sim três vezes é o paraíso; duas vezes é do que precisamos para ser felizes e uma vez é do que precisamos para sobreviver." O filme é ruim, mas as perguntas propostas são boas.

Em 1943, o psicólogo Abraham Maslow publicou um modelo da "hierarquia das necessidades humanas". Ele categorizou as necessidades humanas da seguinte forma:

- Fisiológicas (alimento, sono, calor, sexo)
- De segurança (um lugar para viver, emprego estável, saúde, proteção contra as adversidades)
- De relacionamento social (amigos, parceiro/parceira, amor)
- De reconhecimento (status, poder, dinheiro)
- De autorrealização (individualidade e realização do potencial pessoal, mas também fé e transcendência)

As três primeiras são necessidades básicas. Se elas estiverem satisfeitas, o indivíduo já não se preocupa mais com elas. As duas últimas são aspirações ou necessidades de crescimento pessoal. Elas jamais conseguem ser satisfeitas. O modelo da pirâmide fica interessante quando comparamos nossas aspirações a nossas necessidades.

Regra básica para o mundo ocidental: as coisas que mais desejamos são aquelas de que menos precisamos.

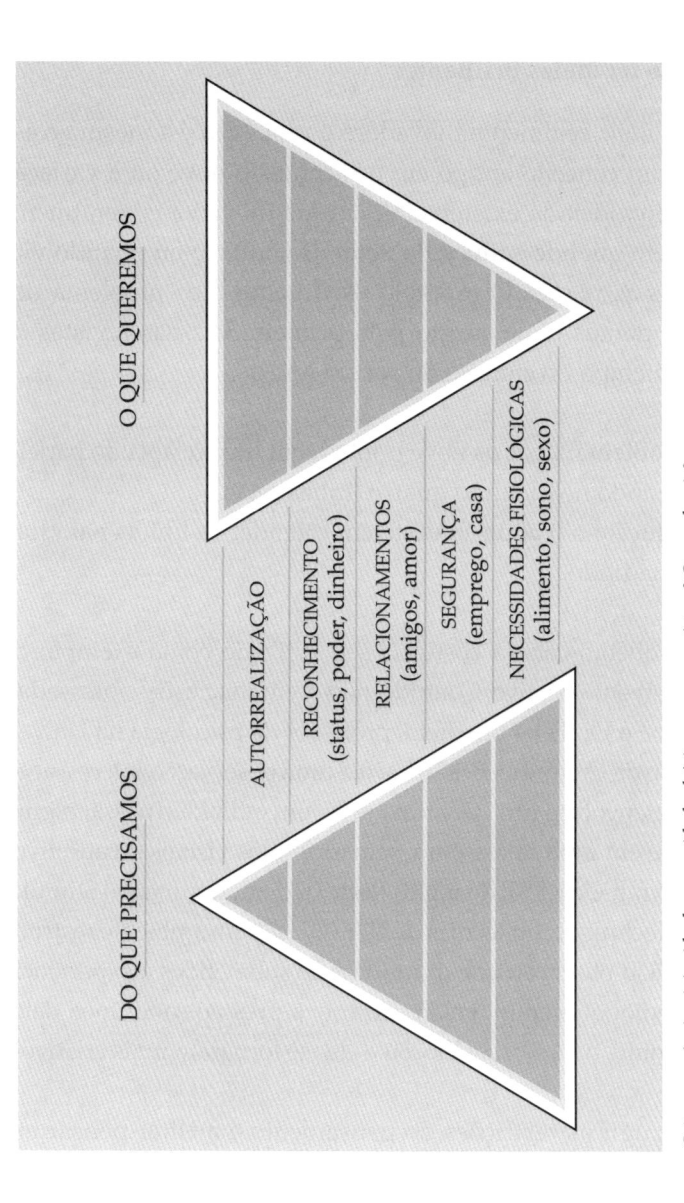

DO QUE PRECISAMOS

O QUE QUEREMOS

AUTORREALIZAÇÃO

RECONHECIMENTO
(status, poder, dinheiro)

RELACIONAMENTOS
(amigos, amor)

SEGURANÇA
(emprego, casa)

NECESSIDADES FISIOLÓGICAS
(alimento, sono, sexo)

Crie sua própria pirâmide de necessidades básicas: o que você tem? O que deseja?

O PENSAMENTO ANTICONVENCIONAL

Como ter ideias brilhantes

Uma ideia realmente inovadora é rara. Não é a mesma coisa que um conceito antigo em um contexto novo ou a variação de uma ideia já existente. As ideias inovadoras geralmente surgem quando saímos da zona de conforto ou quando violamos as regras. O exemplo usado aqui é o "problema dos nove pontos", que surgiu pela primeira vez nas revistas de passatempo do começo do século XX.

O problema: ligar os nove pontos sem tirar o lápis do papel e utilizando no máximo quatro linhas retas.
A solução: o truque consiste em estender as linhas para fora do quadrado.

Esse quebra-cabeça costuma ser utilizado como exemplo de pensamento criativo. Contudo, não tirem conclusões apressadas, porque o Dr. Peter Suedfeld, professor de psicologia na Universidade da Colúmbia Britânica, fez uma observação interessante: ele desenvolveu uma técnica que faz um indivíduo passar algum tempo em uma sala escura, sem estímulos visuais ou auditivos (denominada REST, do inglês Restricted Environmental Stimulation Technique, ou técnica de estimulação em ambiente restrito). Suedfeld observou que os indivíduos submetidos à experiência não enlouqueceram. Pelo contrário: a pressão sanguínea deles diminuiu, o humor melhorou e eles se tornaram mais criativos.

Para fugir às restrições do pensamento é melhor pensar em um ambiente isolado.

Ver também: A matriz morfológica e a lista de controle SCAMPER (p. 34)

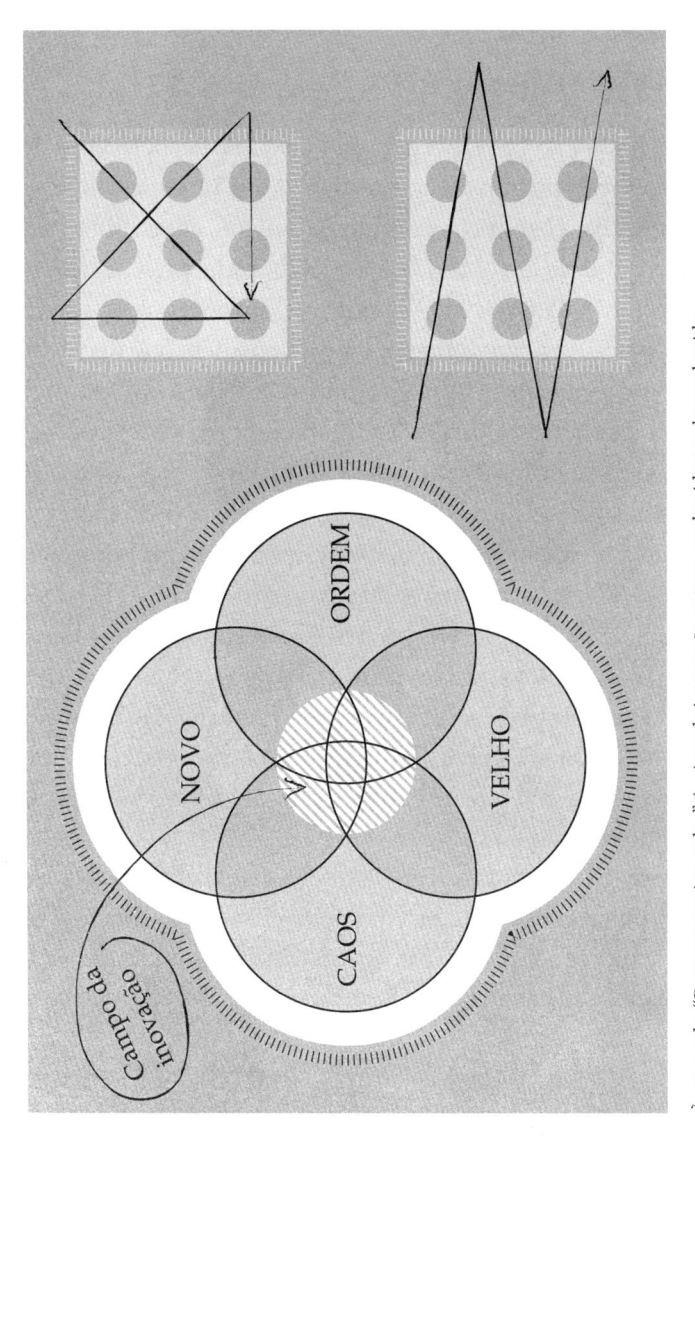

À esquerda: "Pensamento inovador" é a área de interseção entre o conhecido e o desconhecido. À direita: duas maneiras de conectar os nove pontos com até quatro linhas.

OS MODELOS SINUS-MILIEU
E BOURDIEU

Onde você se enquadra

Sinus-Milieu é um modelo psicográfico para estabelecer os diferentes agrupamentos socioculturais a que uma pessoa pode pertencer. Ele costuma ser usado na área de marketing para definir públicos-alvo. A ideia foi elaborada pelo sociólogo francês Émile Durkheim. A seguir, encontramos uma versão raramente utilizada, criada por Pierre Bourdieu, outro sociólogo francês, e que tem a forma de gráfico. A análise de Bourdieu sobre o consumo cultural nos desafia a pensar sobre nossas preferências e práticas culturais arraigadas.

Costuma-se criticar a limitação dos grupos do Sinus. É verdade que esse modelo não consegue responder a perguntas como: "Onde me enquadro se meu pai era motorista de ônibus, minha mãe era hippie, eu sou designer de moda e nas horas vagas vou com meus amigos a um clube de golfe?" A popularidade do modelo pode ser explicada pelo princípio do bloqueio: se nos acostumamos com alguma coisa, não queremos mudar de hábitos, mesmo que nos apresentem algo novo e diferente que pode ser melhor.

Quase toda pesquisa ou análise de mercado utiliza o modelo Sinus-Milieu, apesar de suas limitações. Ele nos mostra que, se uma maioria se acostumou com um sistema, será difícil que outro se estabeleça. O hábito é mais forte do que o desejo de melhorar.

"Nossas origens são nosso futuro."

Martin Heidegger

Classe alta/ média alta		bem-sucedidos	realizadores modernos
	arrivistas	pós-materialistas	
Classe média	classe média tradicional	classe média típica	experimentalistas
	tradicionalistas moderados		escapistas
Classe média baixa/baixa renda		materialistas	
Posição social / **Orientação básica**	Tradição dever, ordem	Modernização individualização, autorrealização, satisfação	Reorientação multiopciona- lidades

Onde você se situaria? Onde situaria seus pais? Onde gostaria de estar posicionado?

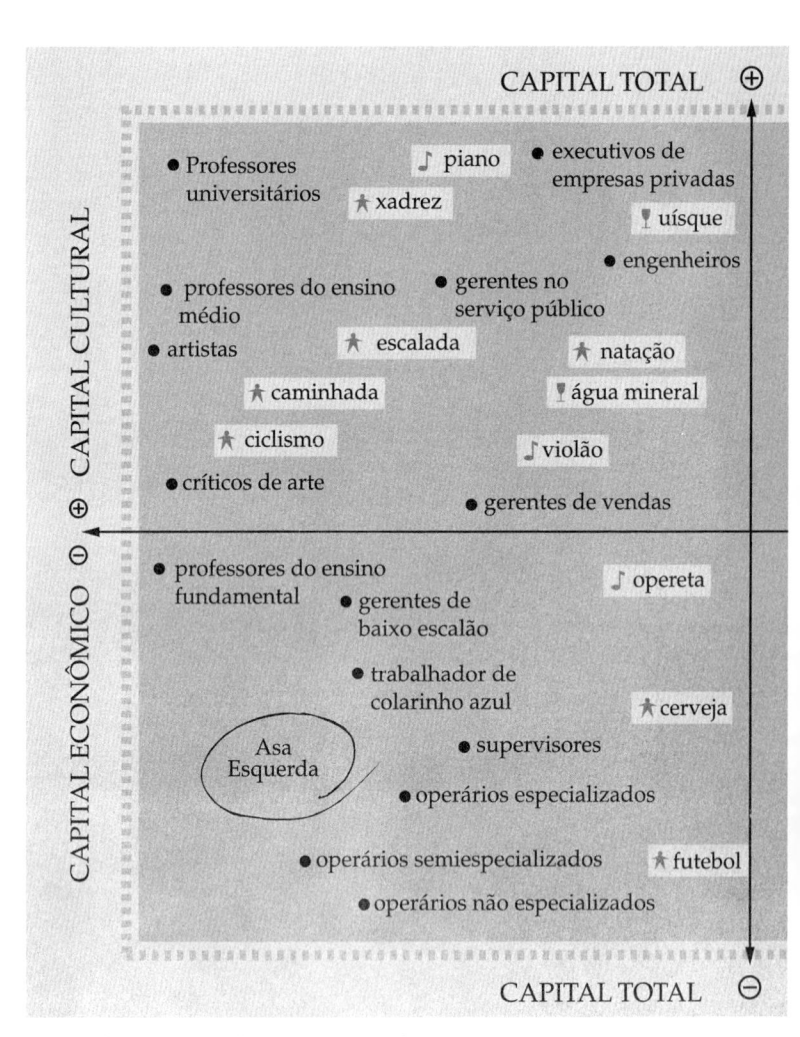

Modelo de Bourdieu: onde você se situa? Onde situa seus pais?
Onde gostaria de estar situado?

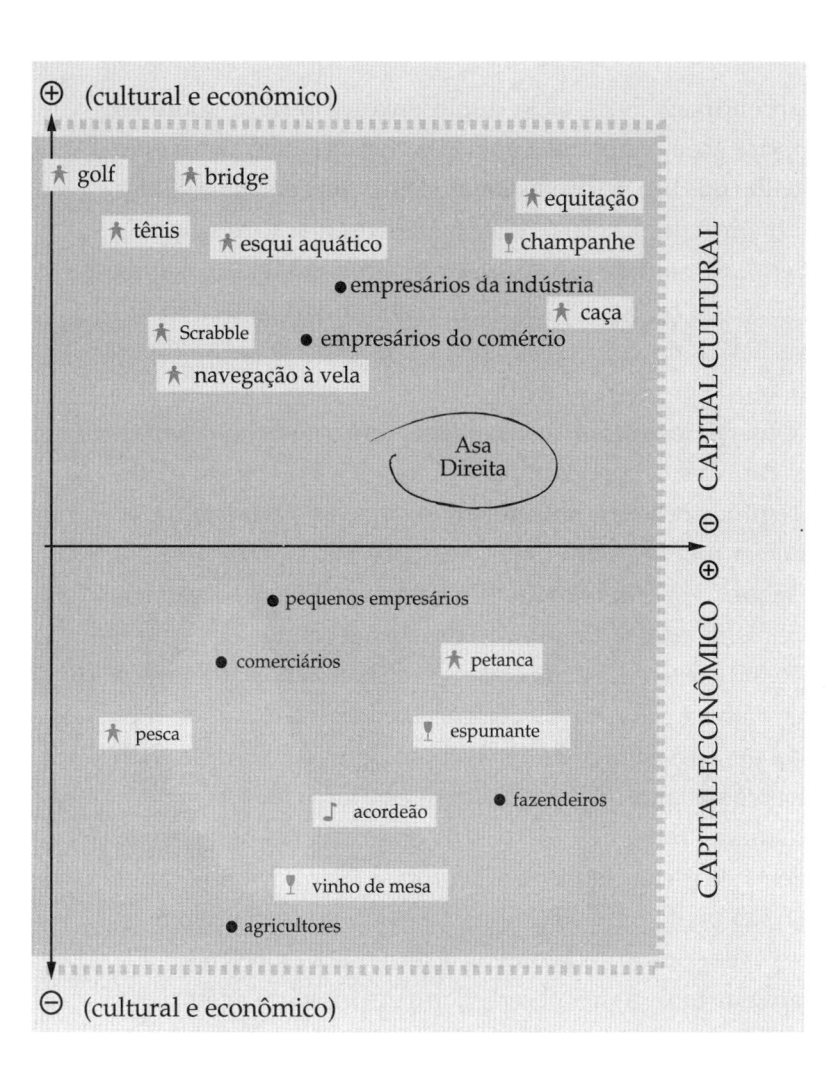

O MODELO DE APRENDIZAGEM
DE CICLO DUPLO

Como aprender com os erros

A aprendizagem de ciclo duplo envolve refletir sobre as próprias ações e aprender com elas. A teoria tem por base o trabalho dos teóricos de sistemas Heinz von Foerster e Niklas Luhmann, em especial o conceito de "observação de segunda ordem". No sentido estrito, esse não é um modelo, mas uma técnica para os "sabe-tudo". Como dominar essa técnica tão desejável? É muito simples: aprendendo a observar os observadores de primeira ordem.

Observadores de primeira ordem veem o que se apresenta a eles. Para eles, o mundo simplesmente existe. Já os observadores de segunda ordem atribuem para si o que os observadores de primeira ordem veem. Em outras palavras, os observadores de segunda ordem encontram uma maneira de observar. Por exemplo, se você criticar um árbitro de futebol por alguma decisão incorreta, você é um observador de segunda ordem: sua perspectiva é diferente da perspectiva do árbitro, porque você está a um passo a mais de distância do jogo; você não está efetivamente apitando o jogo, e acha que isso o torna um juiz melhor.

Durante o ato de observar, os observadores de primeira ordem não estão conscientes da própria forma de observar — ela é seu ponto cego. Reconhecer esse ponto cego permite ao observador de segunda ordem se tornar um "sabe-tudo". Ele é capaz de mostrar aos observadores de primeira ordem que é possível observar de outra maneira, portanto ver as coisas de forma diferente.

O psicólogo Chris Argyris e o filósofo Donald Schön, com base nessas teorias sobre observação, desenvolveram um método de aprendizagem de ciclo duplo. Na situação ideal, o ciclo simples (a observação de primeira ordem) é a melhor prática. O que funciona bem não é alterado, apenas repetido. Na pior hipótese, o ciclo simples é a pior prática — o erro é repetido ou o problema é resolvido sem que se questione por que ele aconteceu.

Na aprendizagem de ciclo duplo, pensamos sobre o que estamos fazendo e questionamos essa ação, tentando romper com o padrão sem nos limitarmos a fazer aquilo de outra maneira, mas analisando por que fazemos aquilo da maneira que fazemos. Quais são os objetivos e os valores por trás das ações? Se estiver plenamente consciente desses objetivos e valores, você poderá mudá-los.

O problema inerente ao ciclo duplo é a discrepância entre o que dizemos que vamos fazer (conhecido como teoria esposada) e o que realmente fazemos (conhecido como teoria em uso). Se realmente queremos mudar alguma coisa, não basta emitir diretivas ou criar diretrizes para nossos empregados ou para nós mesmos. Esses recursos só nos chegam como comandos (teoria esposada). As mudanças ocorrem quando reavaliamos nossas razões, objetivos e valores mais arraigados. Esses são os "campos de força" que afetam a teoria em uso.

Seja a mudança que você quer ver.

Ver também: O modelo da caixa-preta (p. 124), O próximo supermodelo do mundo (p. 152)

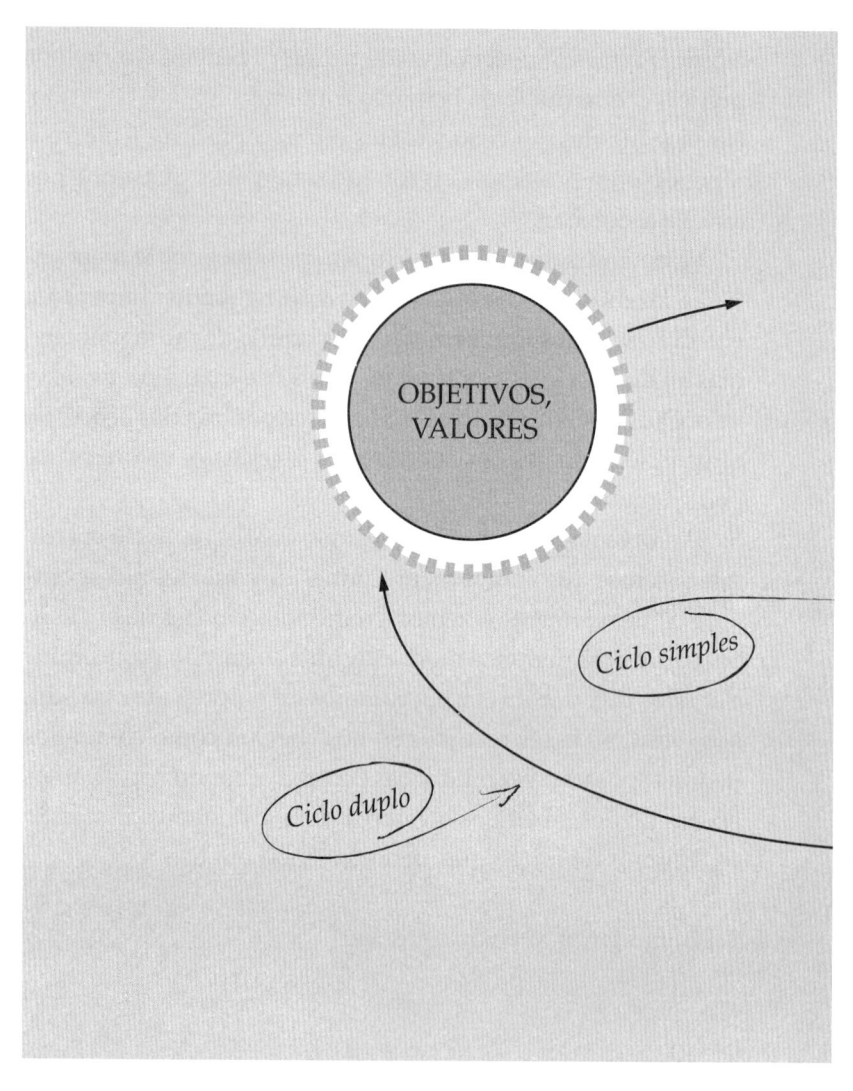

Quando foi a última vez que você rompeu com um padrão habitual e realmente fez alguma coisa de forma diferente? Que padrão você gostaria de mudar? O que o impede de fazê-lo?

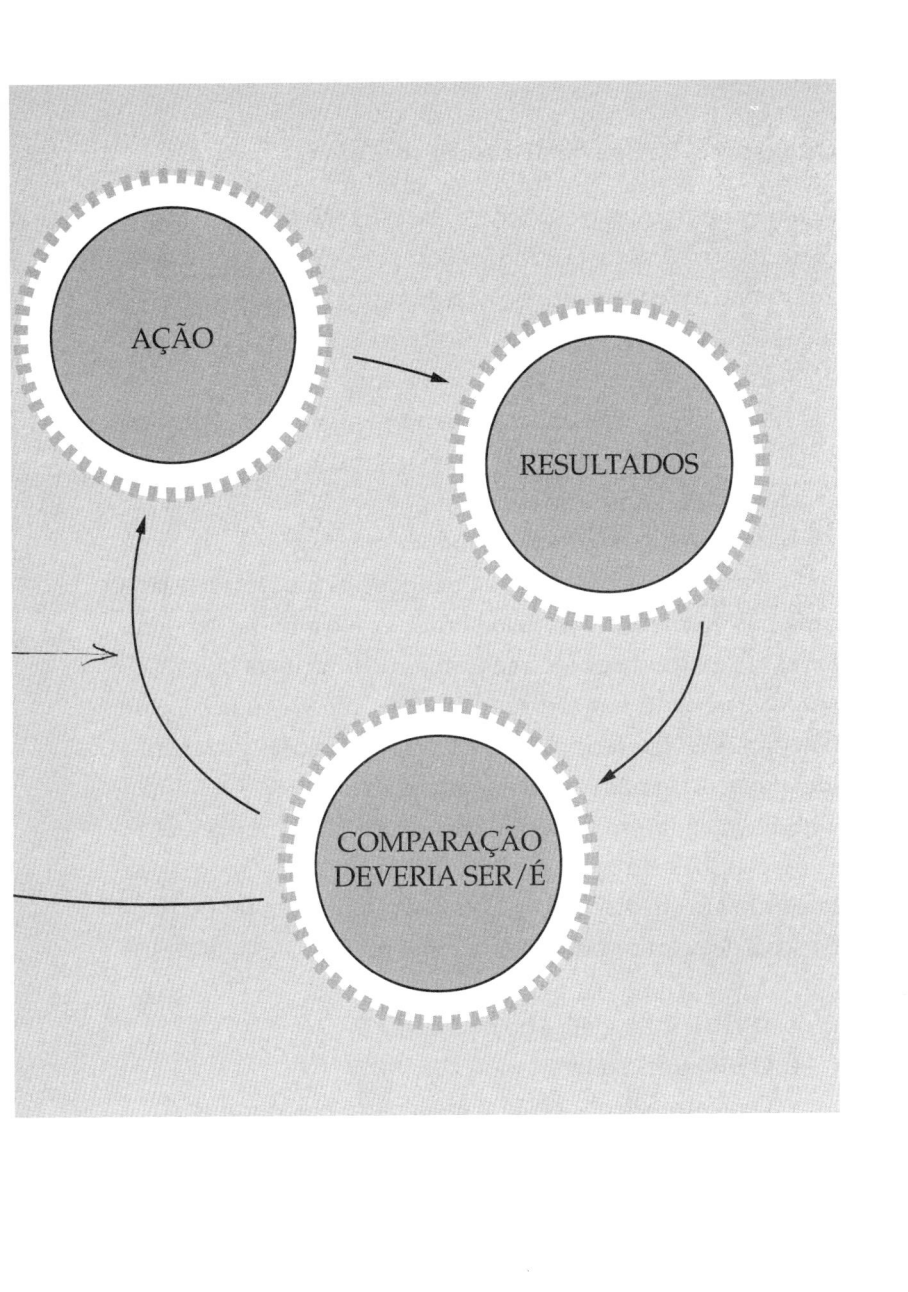

O MODELO "IA"

Que espécie de tipo de discussão você é?

A abreviação IA corresponde a Investigação Apreciativa, o método atribuído a David Cooperrider, especialista norte-americano em administração. O método envolve concentrar-se nos pontos fortes, atributos positivos e potencial de uma empresa ou pessoa, em vez de focar em suas deficiências. A pergunta "O que está dando certo neste momento?" substitui a clássica "Qual é o problema?". Concentrar-se nas deficiências cria logo uma impressão negativa.

Todo indivíduo, sistema, produto ou ideia tem falhas. A consciência desse fato pode, na melhor das hipóteses, levar a uma busca determinada pela perfeição. No entanto, em muitos casos o excesso de foco nas falhas de uma ideia ou projeto sufoca a abordagem aberta e positiva que é essencial para boas práticas operacionais. O princípio básico é pegar uma ideia que ainda não está elaborada por completo e continuar a desenvolvê-la, em vez de abandoná-la prematuramente.

As pessoas em geral revelam seu caráter pela abordagem que utilizam em discussões. Podemos identificar quatro tipos básicos, de acordo com a forma como reagem às sugestões:

- **O crítico**: "A ideia é boa, porém..."
- **O ditador**: "Não!"
- **O mestre-escola**: "Não, a ideia não é boa porque..."
- **O pensador da IA**: "Sim, e nós também podemos..."

"Qualquer idiota é capaz de criticar. E a maioria critica."

Benjamin Franklin

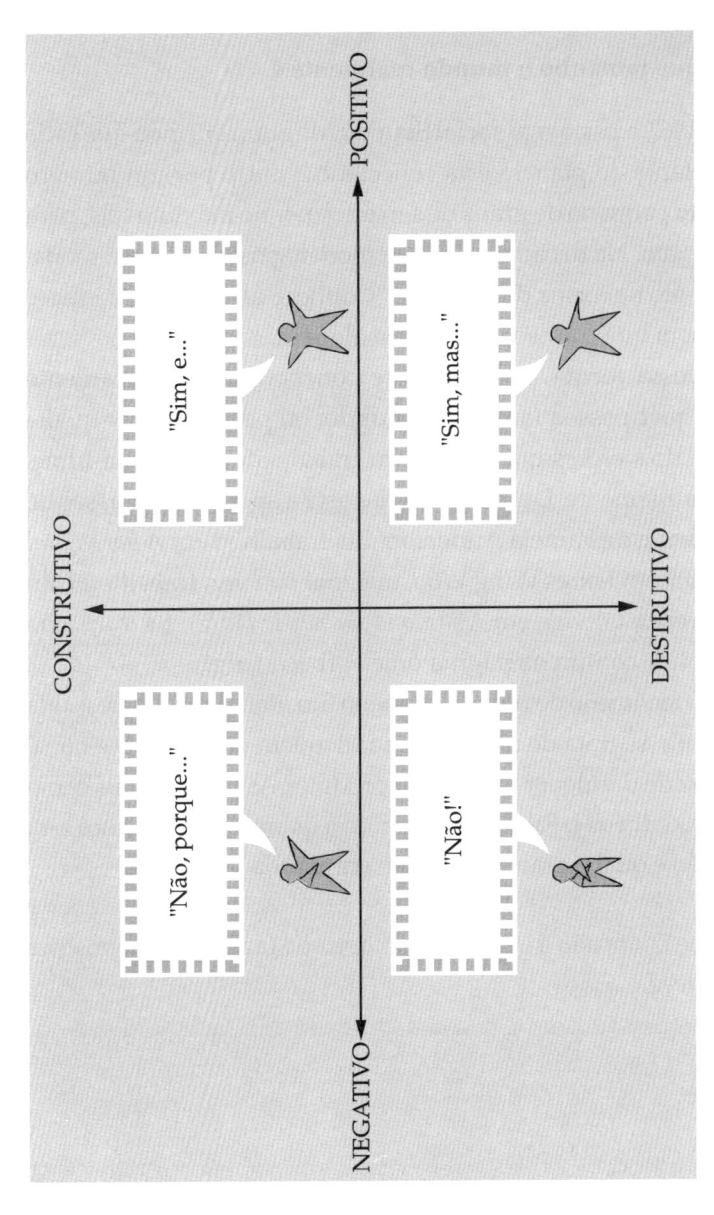

Da próxima vez que estiver em uma discussão coletiva, observe como cada participante apresenta seus argumentos.

O MODELO DO MUNDO PEQUENO

De que tamanho o mundo realmente é

Em 1967, o psicólogo social Stanley Milgram afirmou que cada habitante do planeta está conectado a outro por um número muito pequeno de graus de separação — no máximo seis, para ser exato. Na década de 1990, o modelo passou por um renascimento na forma de um jogo: "Conheço alguém que conhece alguém que conhece esse outro alguém..."

Dessa forma, você pode se conectar com praticamente qualquer pessoa famosa do mundo, ou pode conectar quaisquer dois atores que já tenham trabalhado em algum filme. Estranhamente, Laurence Olivier está a apenas dois passos de distância de Pamela Anderson. Ela trabalhou em *A flor mortal* (1993) com James Wing Woo, que, por sua vez, trabalhou com Laurence Olivier em *Maratona da morte* (1976). Se você não acredita, confira na página oracleofbacon.org.

O fenômeno do mundo pequeno fica ainda mais interessante quando se trata de marketing viral: quem você conhece que é capaz de divulgar sua ideia ou produto? As redes sociais como o LinkedIn ou o Facebook mostram a quantas pessoas você está ligado e qual o grau de conexão entre cada uma delas.

O que conta não é o que você é capaz de fazer, mas quem você conhece.

Ver também: O modelo da árvore genealógica (p. 31), O modelo dos sinais sutis (p. 86)

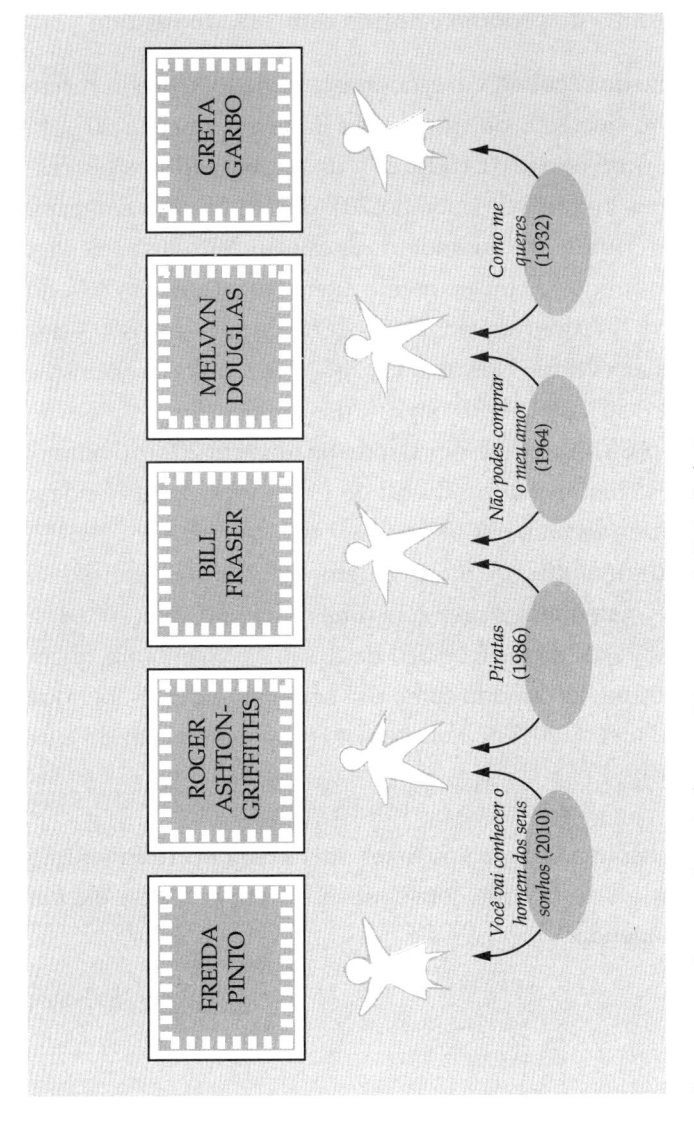

Quantos graus de separação você acha que existem entre você e Greta Garbo?

O PRINCÍPIO DE PARETO

Por que 80% do produto é obtido com 20% do insumo

No início do século XX, o economista italiano Vilfredo Pareto observou que 80% da riqueza da Itália pertencia a 20% da população. E isso não é tudo: 20% dos trabalhadores são responsáveis por 80% do trabalho; 20% dos criminosos cometem 80% dos crimes; 20% dos motoristas causam 80% dos acidentes; 20% dos fundos de investimento alternativos aplicam 80% do dinheiro; 20% dos frequentadores de bares consomem 80% das bebidas alcoólicas. Nós usamos 20% das roupas que temos e gastamos 80% do tempo com 20% dos amigos. Em reuniões de trabalho, 80% das decisões são realizadas em 20% do tempo; 20% dos clientes (ou produtos) de uma empresa respondem por 80% da receita.

Naturalmente, a regra de Pareto não pode ser aplicada a tudo (os matemáticos preferem uma regra mais precisa: 64/4, porque 80% de 80 são 64 e 20% de 20 são 4). No entanto, quem quiser otimizar o modo como usa seu tempo deve saber que mais ou menos 20% do tempo gasto numa tarefa traz 80% de resultados.

"Com absoluta certeza vou fazer um curso de administração do tempo... assim que conseguir abrir espaço para ele em minha agenda."

Louis E. Boone

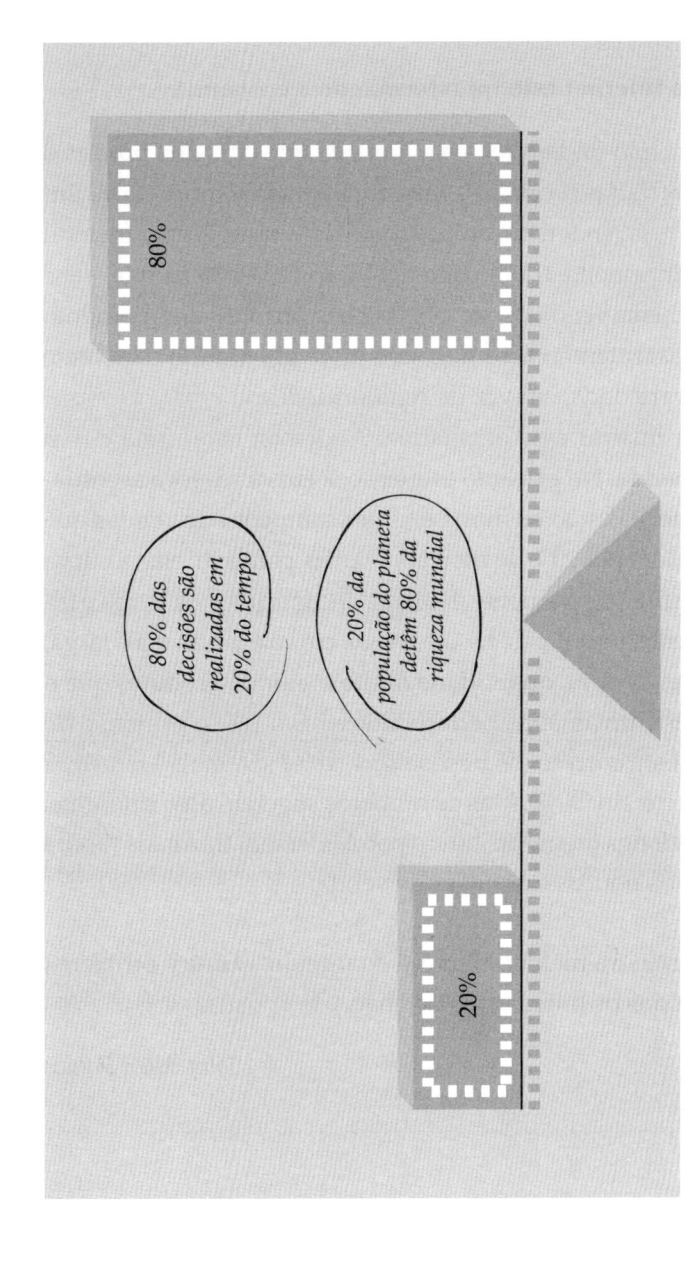

80%

20%

80% das
decisões são
realizadas em
20% do tempo

20% da
população do planeta
detêm 80% da
riqueza mundial

O princípio de Pareto descreve o fenômeno estatístico segundo o qual um pequeno número de valores elevados contribui mais para o total que um grande número de valores pequenos.

O MODELO DA CAUDA LONGA

Como a internet está transformando a economia

O "princípio de Pareto" — a ideia de que 20% dos produtos geram 80% das receitas — talvez não esteja sempre certo. Em 2004, Chris Anderson, editor-chefe da revista *Wired*, afirmou que praticamente tudo o que é colocado à venda na internet é efetivamente vendido, por mais bizarro ou inútil que o produto seja. Aparentemente, os negócios estão gravitando para onde existe variedade, em vez de regularidade.

Para ilustrar essa afirmativa, Anderson usou uma curva de demanda. No extremo esquerdo, a curva se eleva acentuadamente. Aí estão os livros e filmes campeões de vendas que respondem por 20% do mercado. Então, para a direita, a curva se estabiliza suavemente. É aí que encontramos os livros e filmes menos populares. Essa parte da curva é muito mais larga, abrangendo uma quantidade muito maior de produtos que o pico. Instintivamente, poderíamos pensar que o princípio de Pareto está correto: os best-sellers (20%) são mais lucrativos do que o resto (80%). Mas os números sugerem algo diferente: a cauda longa (nome atribuído por Anderson) traz mais receita do que os poucos campeões de venda.

"A internet é a maior biblioteca do mundo. O único problema é que todos os livros estão no chão."

John Allen Paulos

Ver também: O princípio de Pareto (p. 112)

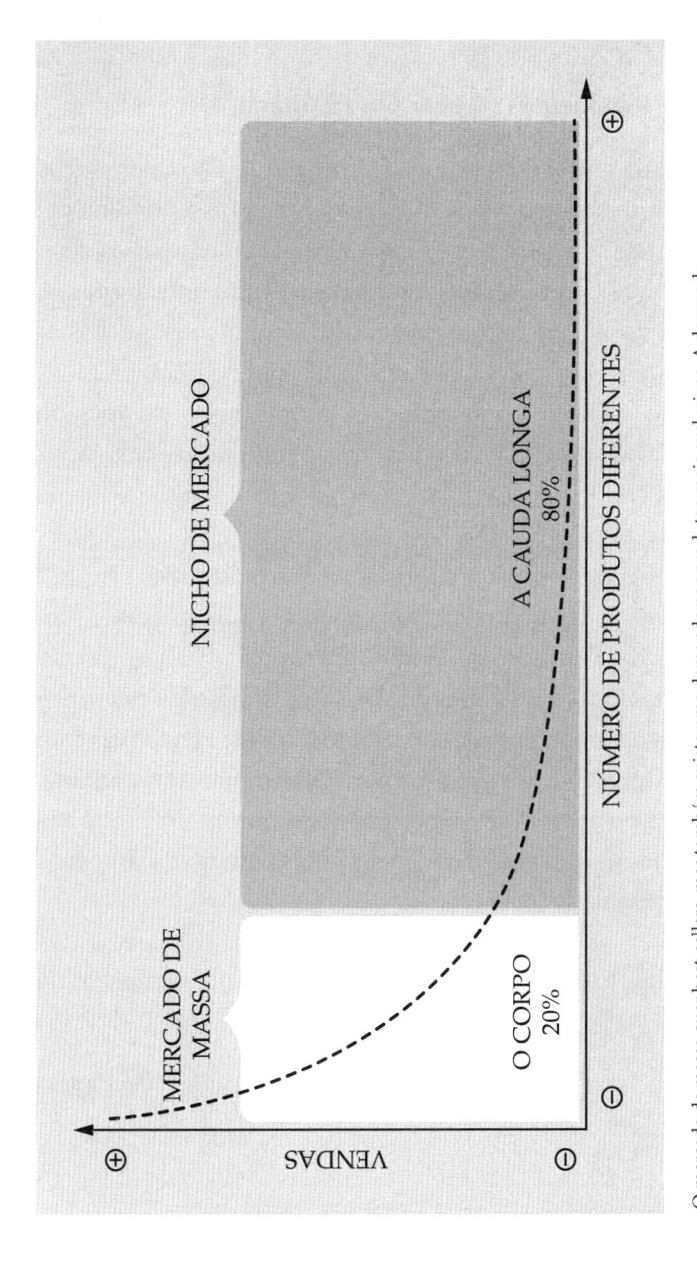

O mercado de massa quer best-sellers, mas também existe uma demanda por produtos mais exclusivos. A demanda individual pode ser baixa, mas no conjunto os produtos do nicho valem mais que os best-sellers.

A SIMULAÇÃO DE MONTE CARLO

Por que só podemos estimar um resultado

O número *pi* (3,14159265359) é aquilo que os matemáticos chamam de número irracional. Ele nunca pode ser totalmente escrito, pois se prolonga por uma série infinita de casas decimais no que parece ser uma sequência aleatória de dígitos. A aleatoriedade é encontrada em muitos fenômenos que gostaríamos de poder prever, como as mudanças climáticas ou as oscilações dos preços de ações. Inspirado pelos cassinos da cidade de Monte Carlo, um método de simulação por computador foi criado para calcular esses fenômenos aparentemente incalculáveis.

Se você costuma jogar dados, sabe que o resultado será 1, 2, 3, 4, 5 ou 6. No entanto, não sabe qual desses números obterá em cada jogada. Essa é exatamente a forma pela qual a simulação de Monte Carlo opera: usando uma combinação de estatística e cálculo de probabilidades e fazendo múltiplas tentativas com base em uma amostra aleatória para determinar um resultado.

Por que o modelo de Monte Carlo é importante? Porque nos lembra que os modelos não representam a realidade; são apenas uma aproximação dela.

"Se souber exatamente o que vou fazer, qual a vantagem de fazê-lo?"

Pablo Picasso

Ver também: O modelo da caixa-preta (p. 124), O modelo do cisne negro (p. 118), O próximo supermodelo do mundo (p. 152)

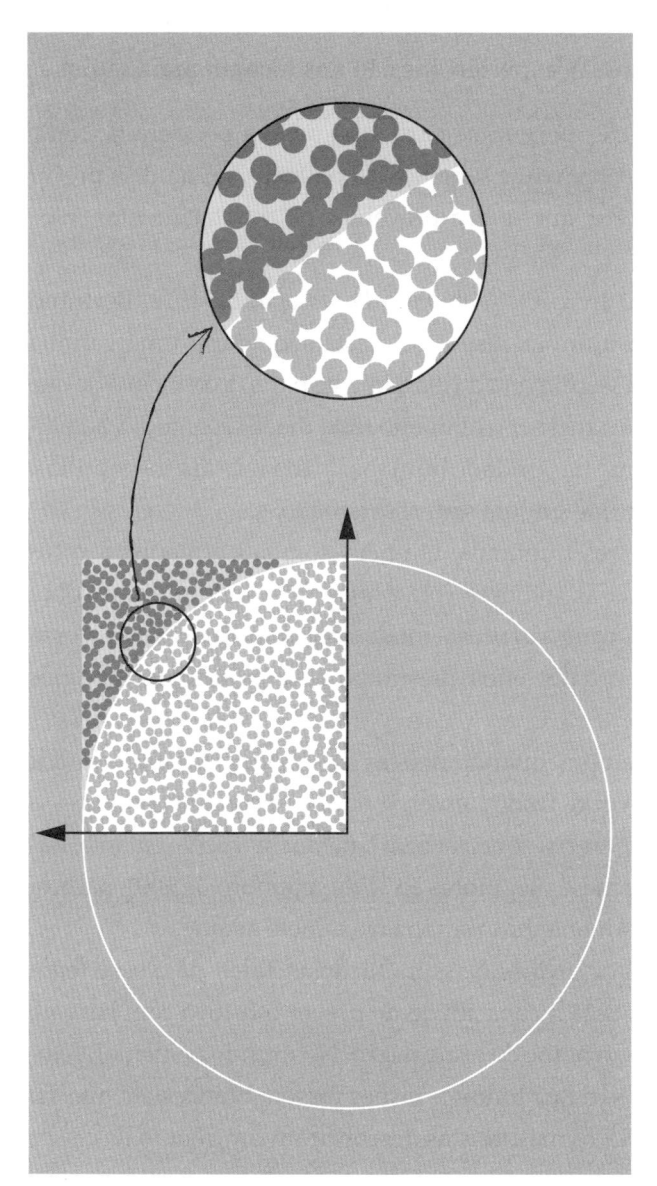

Neste exemplo, queremos prever onde um ponto deve cair. Para isso, deixamos "chover" aleatoriamente centenas de pontos sobre o quadrado e contamos quantos caem dentro e quantos caem fora do quarto da circunferência. Repetimos o processo muitas vezes. O resultado é determinado estatisticamente (se geralmente a maioria dos pontos cai dentro do círculo, você pode prever que é aí que seu ponto tenderá a cair no futuro), mas ainda há uma margem de erro.

O MODELO DO CISNE NEGRO

Por que nossas experiências não nos tornam mais sábios

Aqui vão três perguntas para uma pessoa ponderada: como podemos saber o que sabemos? O passado nos ajuda a prever o futuro? Por que nunca prevemos os acontecimentos inesperados?

Em seu livro *Os problemas da filosofia*, de 1912, Bertrand Russell resumiu as respostas a esta sequência: uma galinha que espera ser alimentada diariamente parte do princípio de que continuará a receber o alimento todo dia. Ela começa a acreditar piamente na bondade humana. Nada na vida da galinha a leva a crer que um dia será assassinada.

Nós, seres humanos, também somos obrigados a reconhecer que as maiores catástrofes geralmente caem sobre nós como uma surpresa total. Segundo Russell, por essa razão sempre devemos questionar aquilo que consideramos garantido.

Por exemplo, quando dois aviões Boeing foram lançados contra o World Trade Center, o público ficou em choque — a catástrofe pareceu se abater sem o menor aviso. No entanto, nas semanas e meses seguintes ao 11 de setembro de 2001, parecia que praticamente tudo sinalizava aquele ataque.

O escritor libanês Nassim Nicholas Taleb dá a esse fenômeno — nossa incapacidade de prever o futuro com base no passado — o nome de cisne negro. No mundo ocidental, sempre se pensou que todos os cisnes fossem brancos até que, no século XVII, os naturalistas descobriram um gênero de cisnes negros. O que até então era inimaginável subitamente passou a ser considerado normal.

A tese de Taleb, o cisne negro, não é na verdade um modelo, mas uma rejeição ao princípio de causa e efeito, e nos lembra que tendemos a nos agarrar com mais firmeza aos pilares que parecem estar caindo.

Quais foram os cisnes negros, os acontecimentos inesperados em sua vida, e quando eles aconteceram?

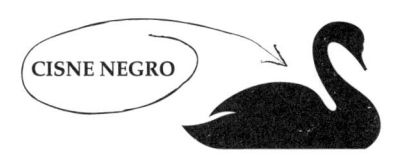

Ver também: O modelo da caixa-preta (p. 124), O próximo supermodelo do mundo (p. 152)

O ABISMO — O MODELO DE DIFUSÃO

Por que todo mundo tem um iPod

Por que será que algumas ideias — mesmo as insensatas — se tornam tendências, enquanto outras florescem por pouco tempo antes de murcharem e perderem o interesse do público?

Os sociólogos usam a expressão "difusão" para descrever a maneira pela qual uma ideia ou produto se torna popular. Um dos mais famosos estudos sobre o tema é uma análise realizada por Bruce Ryan e Neal Gross sobre a difusão do milho híbrido em Greene County, Iowa, na década de 1930. O novo tipo de milho era muito melhor do que o antigo, mas levou vinte anos para conquistar ampla aceitação.

Os pesquisadores de difusão chamaram de "inovadores" os fazendeiros que, já em 1928, mudaram para o novo tipo de milho. O grupo um pouco maior que foi influenciado pelos inovadores foi chamado de "adotantes imediatos". Eles eram os formadores de opinião nas comunidades, indivíduos respeitados que observaram a experiência dos inovadores e a seguiram. Esses foram seguidos no final da década de 1930 pelas "massas descrentes", aqueles que nunca mudariam nada que não tivesse sido provado pelos fazendeiros bem-sucedidos. Em algum momento até mesmo esses foram infectados pelo "vírus do milho híbrido", e com o tempo transmitiram a ideia para os conservadores obstinados, os "retardatários".

Representada em um gráfico, essa evolução assume a forma de uma curva típica do progresso de uma epidemia: no início, ela cresce de forma gradual; em seguida, atinge um ponto crítico, característico de qualquer produto que acabou de ser lançado, no qual muitos produtos fracassam. O ponto crítico de inovação é a transição dos adotantes imediatos para os descrentes, porque nesse ponto existe um "abismo". De acordo com o sociólogo norte-americano Morton Grodzins, se os adotantes iniciais conseguirem fazer a inovação cruzar o abismo e chegar às massas descrentes, o ciclo da epidemia atingirá o ponto de virada. A partir daí, a curva sobe drasticamente quando as massas aceitam o produto e cai novamente quando só restam os retardatários.

No caso de inovações tecnológicas como o iPod ou o iPhone, o ciclo que acabamos de descrever é muito curto. O interessante é que, assim que o produto é aceito pelas massas descrentes, os "adotantes imediatos" param de usá-lo e passam a procurar a próxima novidade. O modelo do abismo foi apresentado pelo escritor e consultor norte-americano Geoffrey Moore.

"Primeiro eles não lhe dão atenção, depois riem de você, em seguida o combatem e então você vence."

Mahatma Gandhi

Ver também: O princípio de Pareto (p. 112), O modelo da cauda longa (p. 114)

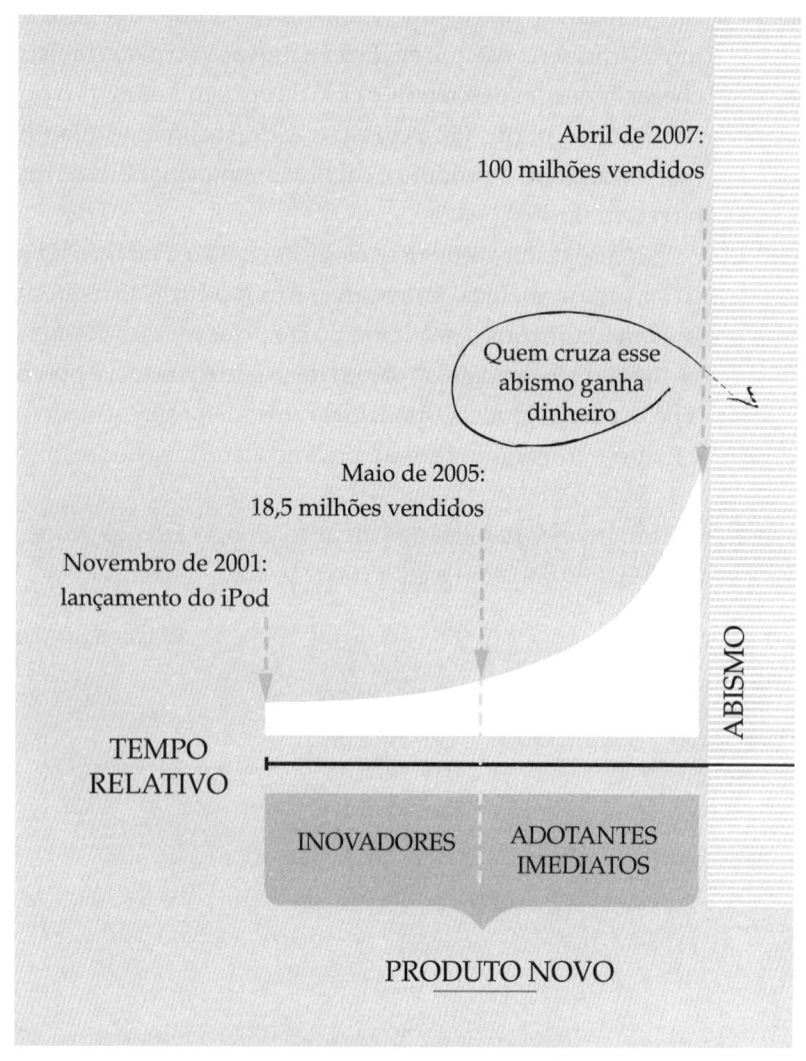

Abril de 2007:
100 milhões vendidos

Quem cruza esse abismo ganha dinheiro

Maio de 2005:
18,5 milhões vendidos

Novembro de 2001:
lançamento do iPod

TEMPO RELATIVO

ABISMO

INOVADORES | ADOTANTES IMEDIATOS

PRODUTO NOVO

O modelo mostra a curva característica do lançamento de um produto, usando como exemplo o iPod. Em que ponto da curva você comprou o seu?

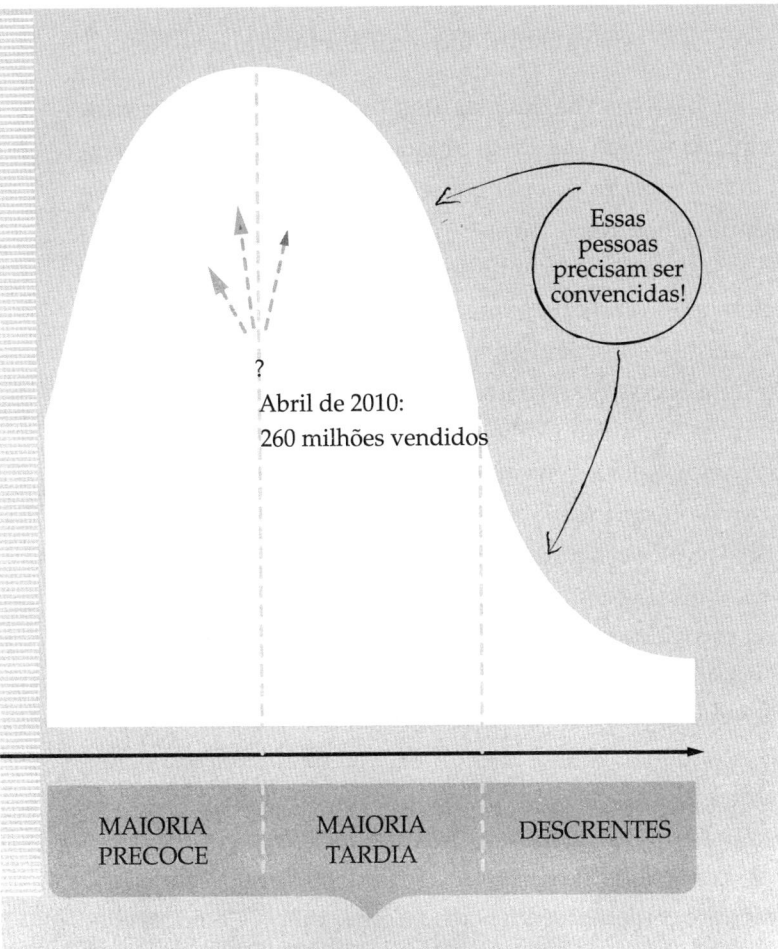

O MODELO DA CAIXA-PRETA

Por que a fé está substituindo o conhecimento

Quanto a isso não há dúvidas: nosso mundo está ficando mais complicado a cada dia. Preto e branco, bom e mau, certo e errado foram substituídos por conceitos complexos que deixam a maioria no escuro.

Quando o ritmo do mundo ao nosso redor é cada vez mais acelerado e complexo, a quantidade de coisas que realmente sabemos — que compreendemos — diminui com o tempo. Em uma época tão recente quanto os anos 1980, os professores ainda tentavam explicar aos alunos o funcionamento de um computador em termos de código binário. Hoje em dia, partimos do princípio de que não entendemos muitas das coisas que nos cercam, como os telefones celulares e os tablets. Mesmo que alguém tentasse nos explicar o código do DNA, nós provavelmente ficaríamos perdidos.

Estamos cada vez mais cercados de "caixas- pretas", conceitos complexos que não conseguimos entender, mesmo que nos expliquem. Não conseguimos entender os mecanismos internos de uma caixa-preta, mas ainda assim integramos suas entradas e saídas em nosso processo decisório.

A quantidade de coisas em que simplesmente temos que acreditar sem compreender cresce com o tempo. Como resultado, tendemos a considerar as pessoas que podem nos explicar alguma coisa mais importantes do que a própria explicação.

No futuro, a norma será convencer os indivíduos por meio de imagens e emoções, em vez de argumentos.

Ver também: O modelo do cisne negro (p. 118)

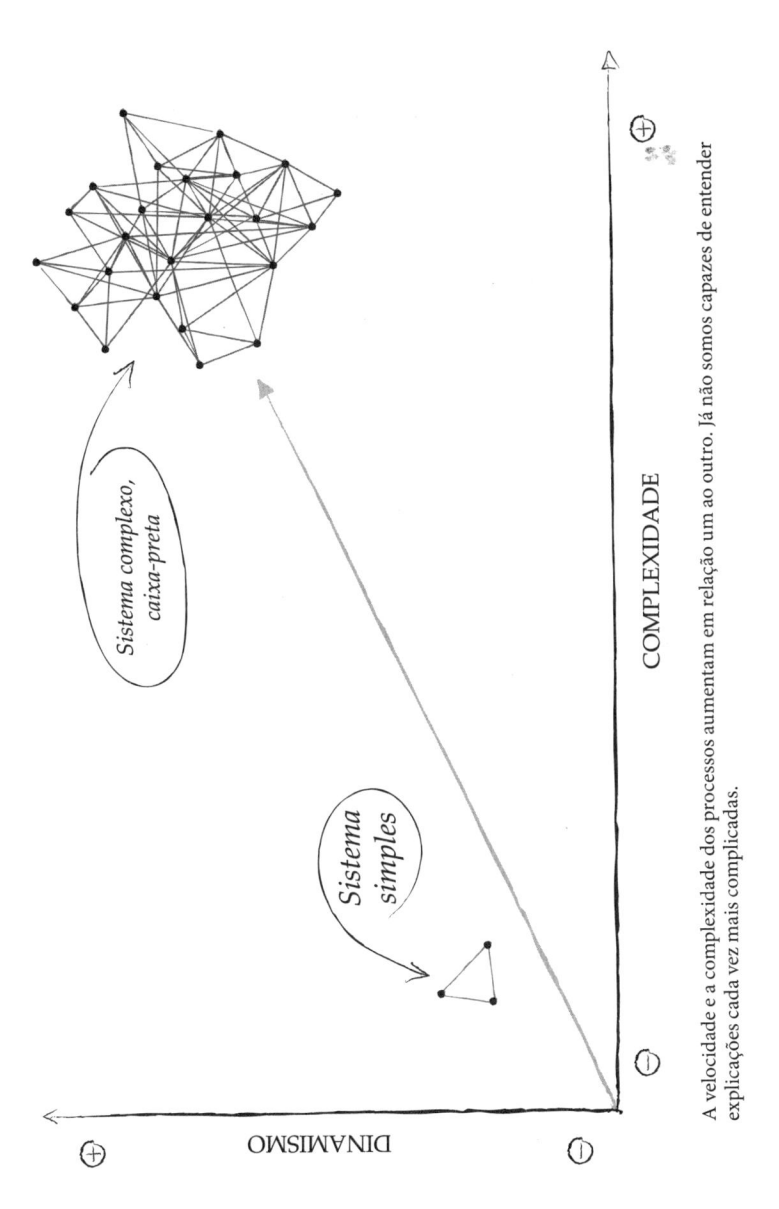

COMPLEXIDADE

DINAMISMO

Sistema complexo, caixa-preta

Sistema simples

A velocidade e a complexidade dos processos aumentam em relação um ao outro. Já não somos capazes de entender explicações cada vez mais complicadas.

O MODELO DO STATUS

Como reconhecer um vencedor

Quer desejemos ter nascido com mais privilégios ou apenas ser um pouco mais ricos, todos temos aspirações sociais. No entanto, como podemos reconhecer as distinções de classe e condição social?

O modelo a seguir tem dois eixos: "Como você gastou" e "Como você ganhou". Dentro da matriz, definimos quatro tipos:

Dinheiro de família:

A elite estabelecida pode ser caracterizada por sua persistente adesão às convenções tradicionais em uma sociedade em mutação. Por medo de aparentar ostentação, os membros dessa elite possuem dois Rolls-Royce idênticos e doam milhões para obras de caridade a fim de apaziguar a consciência. Eles são um tanto ridículos.

Filhos de pais ricos:

São repetitivos na busca de uma identidade que nunca existiu. Não servem para nada. Devem ser sempre ignorados.

Novos ricos:

Gastam como se não houvesse amanhã — da forma mais espalhafatosa, para que todos notem. O símbolo de status desse grupo é um imenso SUV. Contudo, a atitude histérica deles sugere que tudo isso pode acabar a qualquer momento.

Os donos de SUVs econômicos:

A profissão criativa, o estilo de vida alternativo e o utilitário econômico proclamam uma globalização alternativa em que o bem vence o mal. No entanto, esse estilo de vida sustentável é mais motivado por uma vantagem pessoal do que por uma questão de consciência. Os donos de SUVs econômicos não abrem mão do luxo porque, em nossos dias, ser ambientalmente correto é um luxo. A metáfora para essa nova elite é o SUV econômico: luxo sustentável.

"Os pobres querem ser ricos, os ricos querem ser felizes, os solteiros querem se casar e os casados querem morrer."

Ann Landers

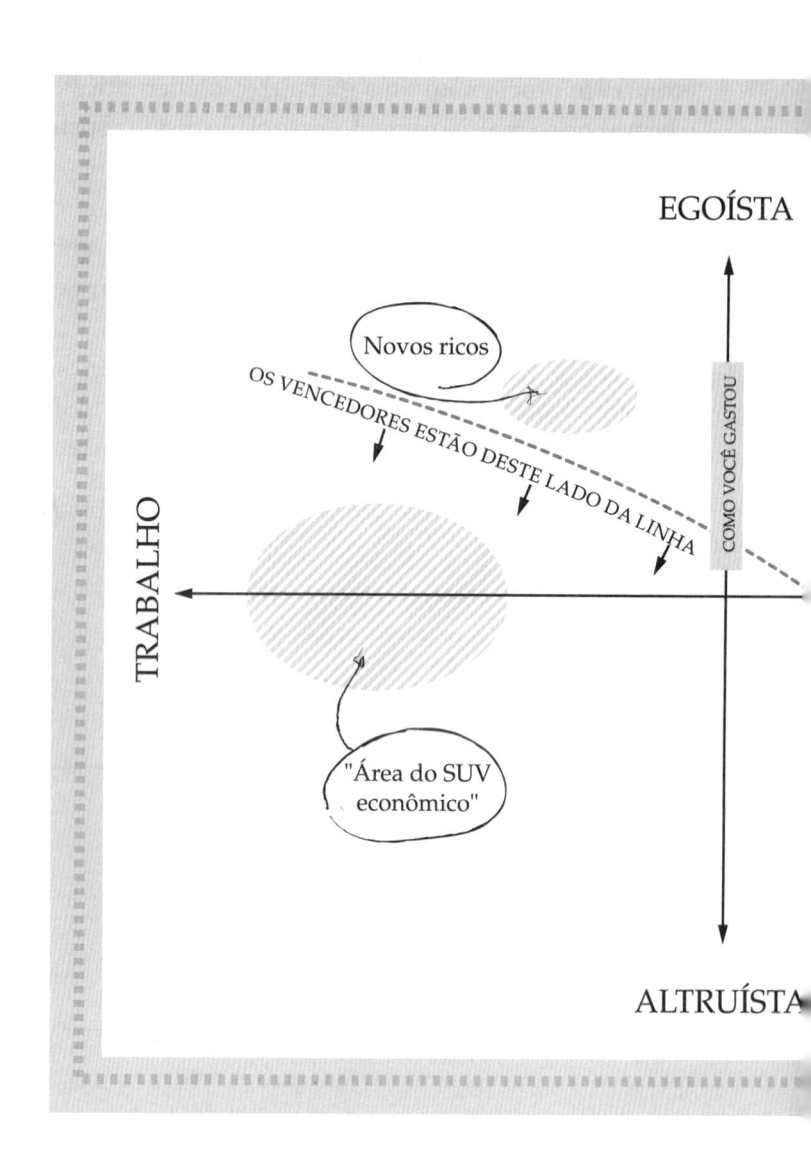

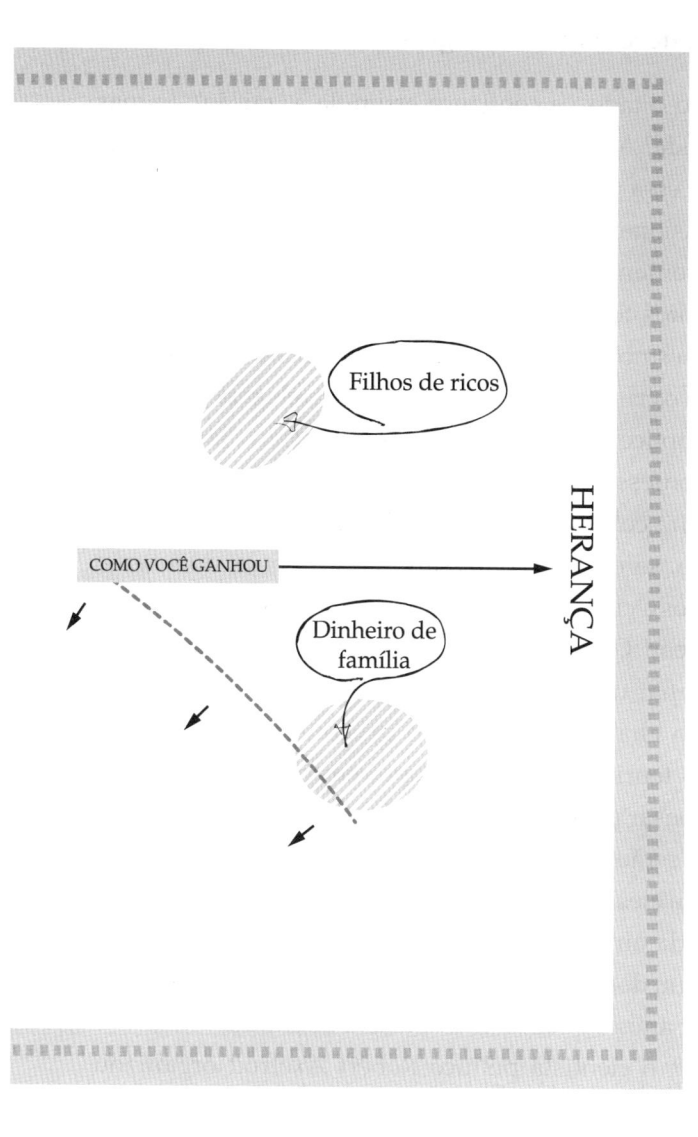

O DILEMA DO PRISIONEIRO

Quando se deve confiar em alguém?

Como diz o ditado, "a confiança estimula a traição" — mas isso é verdade? A seguir, apresentamos um quebra-cabeça que responde a essa pergunta.

Dois prisioneiros são suspeitos de ter cometido um crime juntos. A sentença máxima para o crime é de dez anos. Os dois suspeitos foram presos separadamente e lhes foi oferecido o mesmo acordo: se um deles confessar que ambos cometeram o crime, e o outro não confessar, ele será libertado, mas o cúmplice cumprirá dez anos de prisão. Se nenhum dos dois confessar, ainda haverá provas circunstanciais suficientes para colocar ambos atrás das grades por dois anos. No entanto, se os dois confessarem o crime, os dois serão sentenciados a cinco anos de prisão. Os suspeitos não podem se comunicar. Como eles devem reagir ao interrogatório? Devem confiar um no outro?

Esse é o chamado dilema do prisioneiro, um enigma clássico da teoria dos jogos. Se optarem pela solução mais óbvia — pensar primeiro em si mesmo — os dois prisioneiros perderão e serão sentenciados a cinco anos. O resultado será melhor para eles se ambos confiarem que o outro vai ficar em silêncio: cada um pega uma sentença de dois anos. Note que, se apenas um dos suspeitos confessar, a sentença para o outro será de dez anos e quem confessou será libertado.

Em 1979, o cientista político Robert Axelrod organizou um torneio em que 14 colegas professores universitários jogaram entre si duzentas partidas do dilema do prisioneiro para descobrir a melhor estratégia. Axelrod descobriu que na primeira jogada é melhor cooperar com o cúmplice (ou seja, confiar nele). Na segunda jogada, o melhor é fazer o que o cúmplice fez na jogada anterior. Se você imitar as jogadas dele, ele imitará as suas.

"Não se pode apertar a mão de alguém com a mão fechada."

Indira Gandhi

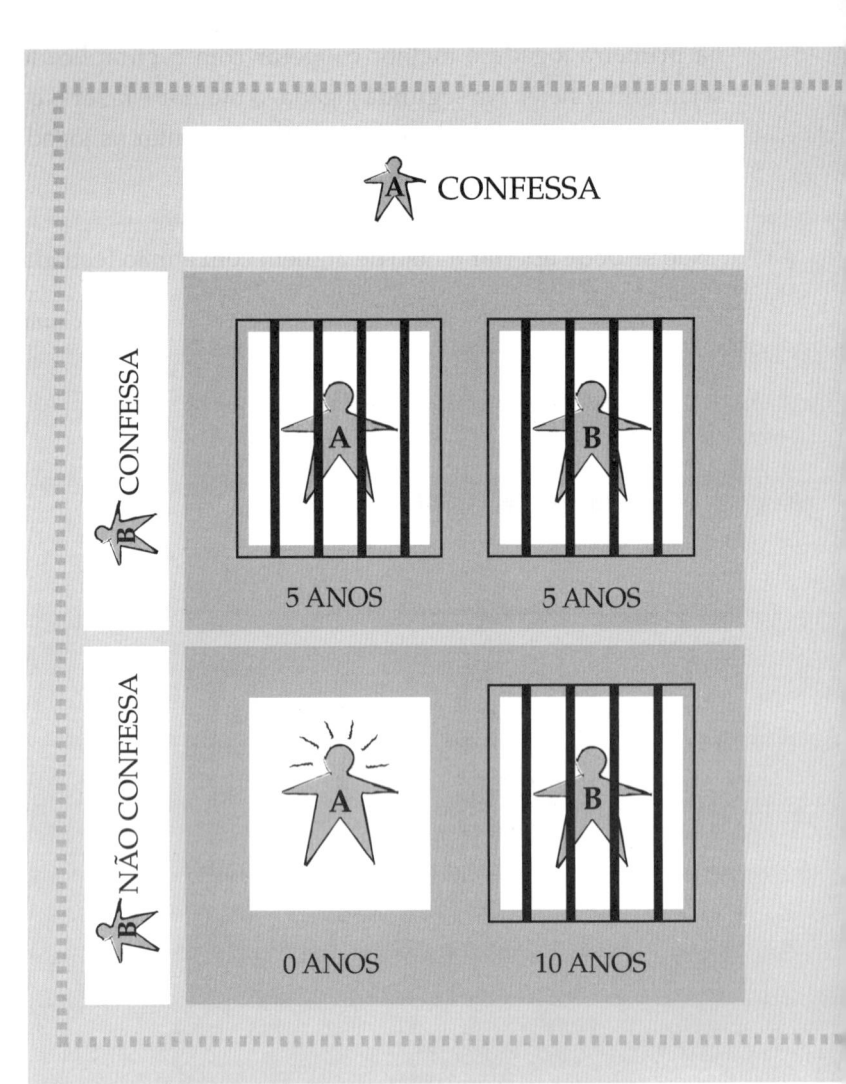

Você e seu cúmplice estão sendo julgados. Se só você confessar, seu cúmplice será condenado a dez anos. Se nenhum dos dois confessar, os dois pegarão dois anos. Se os dois confessarem, os dois pegarão cinco anos. Vocês não podem conversar. Como você deve reagir?

NÃO CONFESSA

10 ANOS   0 ANOS

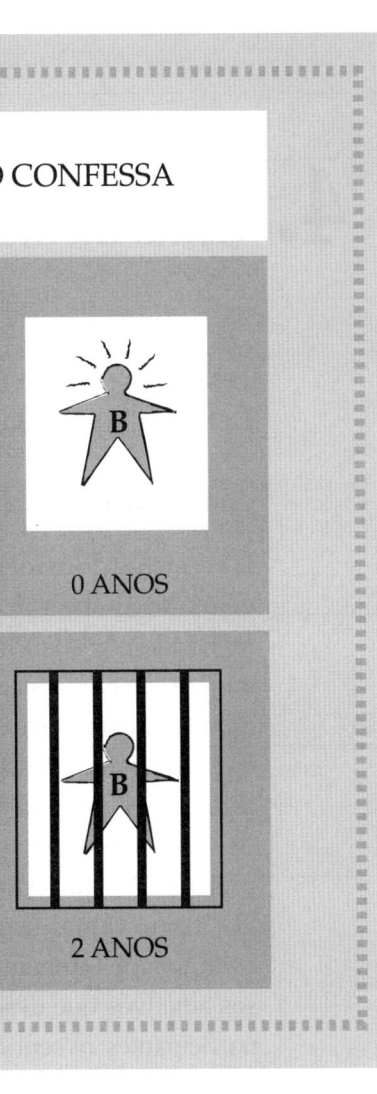

2 ANOS   2 ANOS

4. Como melhorar os outros

O MODELO DREXLER-SIBBET
DO DESEMPENHO DE EQUIPE

Como transformar um grupo em uma equipe

Há centenas de modelos e estratégias para desempenho de equipe. Um dos melhores e mais simples foi criado por Alan Drexler e David Sibbet, fundadores da empresa de consultoria The Grove. O modelo ilustra os sete estágios típicos pelos quais os participantes de um projeto passam.

Siga as setas no modelo a seguir. Em cada estágio, devemos nos fazer uma pergunta: no início do projeto, "Por que estou aqui?"; no meio do projeto, "Como vamos fazer isso?"; no final, "Por que continuar?". Também há, em cada estágio, diversos adjetivos que descrevem os sentimentos dos participantes: os sentimentos enquanto trabalham no projeto e os sentimentos quando um estágio foi completado com sucesso. Muitos estágios parecem óbvios e triviais, mas a experiência mostra que todos os grupos passam por cada um desses estágios. Se você pular um estágio, terá que voltar a ele mais tarde.

Se estiver liderando uma equipe, você deve apresentar o modelo no início do projeto. Depois que o projeto já tiver começado, pergunte aos participantes a intervalos regulares:

- Onde você está (ou seja, em que estágio do projeto)?
- O que você precisa fazer para chegar ao próximo estágio?

Se não souber com certeza em qual deles sua equipe está, examine os adjetivos associados a cada estágio do modelo e pergunte que adjetivos se aplicam a você, pessoalmente, e que adjetivos se aplicam à equipe.

Não tenha medo de suscitar sentimentos negativos no grupo. Um conflito aberto é melhor do que um conflito em fogo brando, não resolvido, durante vários estágios. Isso o obrigaria a solucionar, em estágios mais avançados, um problema que deveria ter sido resolvido antes.

Atenção! Não tente enquadrar sua equipe rigidamente ao modelo. Ele é apenas uma ferramenta de orientação: é uma bússola, não um marca-passo.

Os grupos só avançam quando um dos participantes tem a coragem de dar o primeiro passo. Como líder, você deve estar preparado para ser o primeiro a errar.

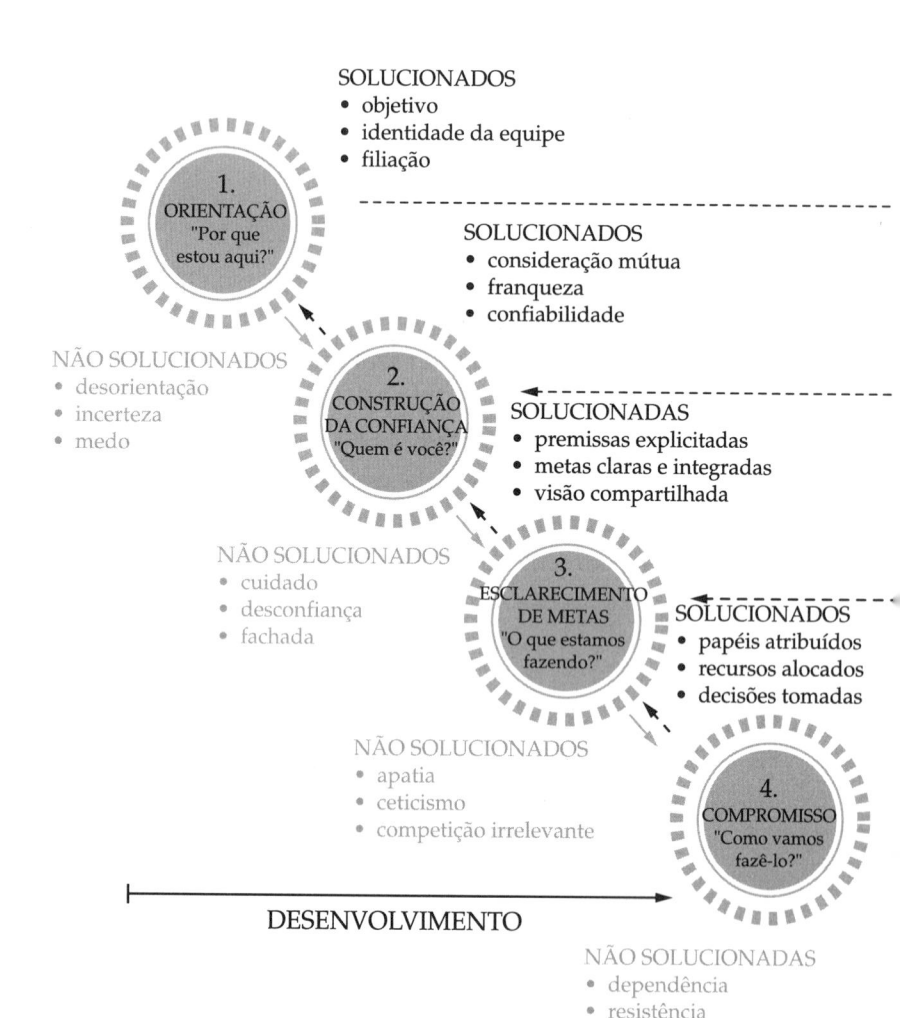

O modelo mostra os sete estágios percorridos por qualquer grupo durante um projeto.

SOLUCIONADOS
- reconhecimento e celebração
- troca de liderança
- perseverança

SOLUCIONADAS
- interação espontânea
- sinergia
- superação de resultados

7.
RENOVAÇÃO
"Por que continuar?"

NÃO SOLUCIONADOS
- aborrecimento
- esgotamento

6.
ALTO DESEMPENHO
"Uau!"

SOLUCIONADOS
- processos claros
- cooperação
- execução disciplinada

NÃO SOLUCIONADAS
- sobrecarga
- desarmonia

5.
Execução
"Quem faz o que, quando e onde?"

NÃO SOLUCIONADOS
- conflito/confusão
- não-alinhamento
- prazos perdidos

DESEMPENHO →

O MODELO DA EQUIPE

Sua equipe está à altura da tarefa?

Não importa se você dirige uma creche ou se comanda uma equipe esportiva nacional, se quer criar uma empresa ou liderar um comitê para levantar fundos, sempre fará as mesmas perguntas: tenho as pessoas certas para esse projeto? Nossas habilidades estão de acordo com nossas metas? Somos capazes de fazer o que queremos?

Esse modelo de equipe o ajudará a avaliar seu grupo. Comece por definir as competências, os conhecimentos e os recursos que em sua opinião são importantes para executar o projeto. Destaque as habilidades absolutamente necessárias para a tarefa. Faça a distinção entre habilidades interpessoais (como lealdade, motivação e confiabilidade) e currículo (por exemplo, conhecimento de computação, negócios e idiomas). Para cada competência, defina a fronteira crítica em uma escala de zero a dez. Por exemplo, um nível aceitável de fluência em francês pode ser cinco. Agora avalie os "jogadores" de acordo com esses critérios. Conecte os pontos com uma linha. Quais são os pontos fracos e os pontos fortes do time?

Ainda mais revelador que o próprio modelo é a subsequente autoavaliação feita pelos membros da equipe. Uma boa equipe é aquela que consegue estimar corretamente a própria capacidade.

Atenção! A verdadeira força não depende das semelhanças, mas das diferenças.

"O melhor executivo é aquele com bom senso para escolher bem os indivíduos que façam o que ele quer, mas suficientemente controlado para não interferir enquanto eles realizam a tarefa."

Theodore Roosevelt

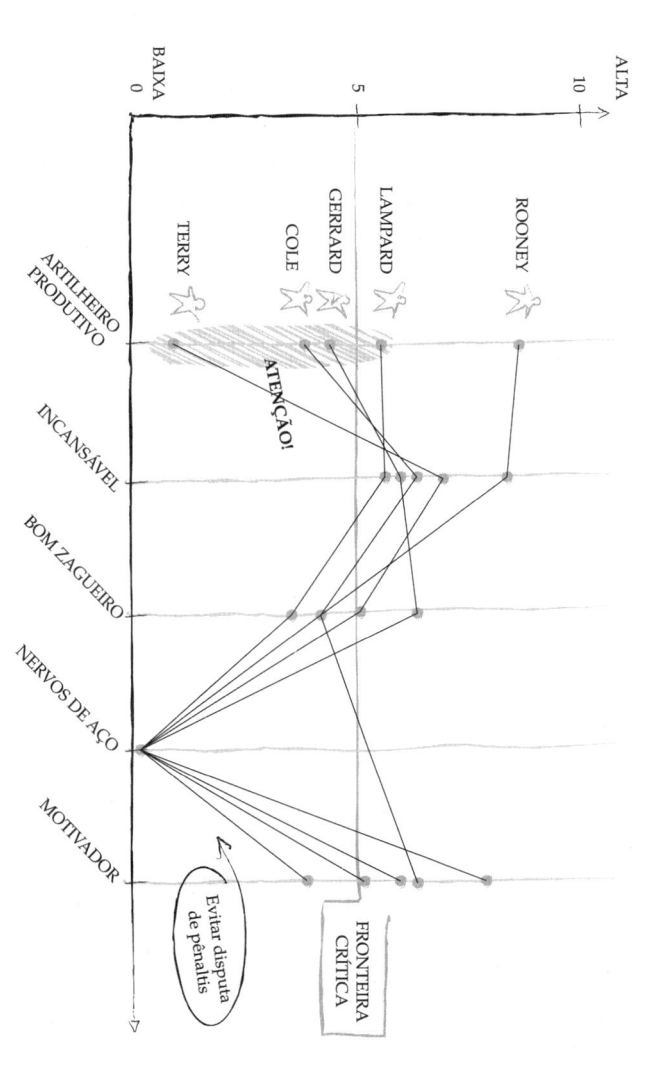

ALTA 10

5

BAIXA 0

ROONEY ⭐

LAMPARD ⭐

GERRARD ⭐
COLE ⭐

TERRY ⭐

ARTILHEIRO
PRODUTIVO

ATENÇÃO!

INCANSÁVEL

BOM ZAGUEIRO

NERVOS DE AÇO

MOTIVADOR

Evitar disputa
de pênaltis

FRONTEIRA
CRÍTICA

(Baseado no desempenho da Inglaterra na Copa do Mundo de 2010.) Crie novos critérios que se apliquem aos objetivos de sua equipe e avalie cada membro em função desses critérios. Depois, peça aos membros da equipe para se avaliarem. Qual é o resultado da comparação entre as duas curvas?

O MODELO DA BRECHA DE MERCADO

Como reconhecer uma ideia lucrativa

A meta de todo negócio novo é descobrir e ocupar uma brecha no mercado. No entanto, qual é a melhor maneira para fazer isso? Este modelo apresenta o mercado no formato tridimensional. Desenhe três eixos que representem o desenvolvimento do seu mercado, seus clientes e seus futuros produtos.

Digamos que você queira lançar uma nova revista. Então:

- O eixo x é a **Eficácia** em termos de custo — até que ponto seu produto é econômico?
- O eixo y é o **Prestígio** — até que ponto seu produto é conhecido?
- O eixo z é a **Percepção** — até que ponto seu produto chama atenção?

Distribua pelo gráfico os produtos dos concorrentes. Nas áreas com muitos concorrentes, você só deve lançar no mercado seu modelo de negócio se ele tiver potencial para ser excepcional na categoria. Por exemplo, a revista *Grazia* conseguiu conquistar o mercado já saturado de revistas semanais femininas ao combinar informação sofisticada sobre moda com fofocas relacionadas à classe A. Procure um nicho, uma área que não tenha sido percebida e ainda não esteja ocupada.

Atenção! Se uma área estiver completamente vazia, você deve verificar se existe demanda para os produtos correspondentes.

Promover um produto é como procurar petróleo. Chegar perto não é o bastante.

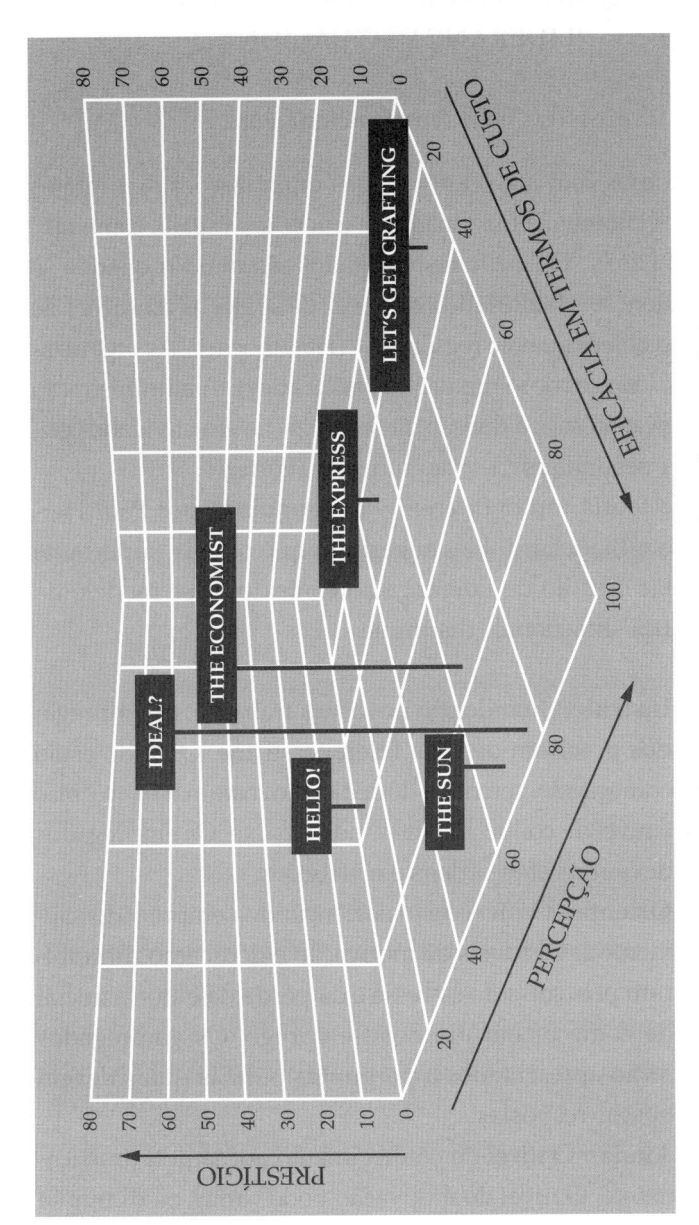

Esse modelo ajuda a identificar brechas no mercado: distribua seus concorrentes de acordo com os três eixos (prestígio, eficácia e percepção). Onde existe um nicho?

O MODELO HERSEY-BLANCHARD
(LIDERANÇA SITUACIONAL)

Como administrar bem seus funcionários

Nos últimos cem anos, a teoria das organizações deu muitas voltas: "O homem é uma máquina e deve ser tratado como tal." (Taylor, Ford); "Os melhores resultados são obtidos quando se presta atenção a fatores sociais em vez de se ater às condições de trabalho objetivamente reguladas." (Hawthorne); "As organizações são capazes de se regular." (Clark, Farley); "A administração estratégica, ou seja, a divisão da organização em atividades primárias e secundárias, leva ao sucesso." (Porter)

Uma teoria muito diferente foi formulada por Paul Hersey e Ken Blanchard. Eles sugeriram que o mais importante é adaptar o estilo de liderança ao contexto. Esse modelo da "liderança situacional" distingue:

1. **Instruir.** Quando são novos no trabalho, os empregados precisam de uma liderança firme. Quando estão começando, seu nível de dedicação costuma ser alto, mas o nível de conhecimento ainda é baixo. Os empregados devem receber ordens e instruções.
2. **Orientar.** O nível de experiência dos empregados aumentou. Os níveis de motivação e dedicação diminuíram por causa do estresse e da perda da euforia inicial de começar em um novo emprego. Os empregados serão apresentados a perguntas para as quais devem buscar respostas.
3. **Apoiar.** O nível de conhecimento aumentou drasticamente. O nível de motivação pode variar: ou diminuiu (o empregado pode pedir demissão) ou aumentou em

função do aumento da independência (os empregados são estimulados a apresentar as próprias ideias).

4. **Delegar.** Os empregados têm pleno controle sobre seu trabalho. O nível de motivação é alto. Eles recebem projetos e lideram as próprias equipes.

Gerencie seus funcionários de modo que eles não dependam de você. Dirija-os ao sucesso, para que um dia eles também ocupem posições de liderança.

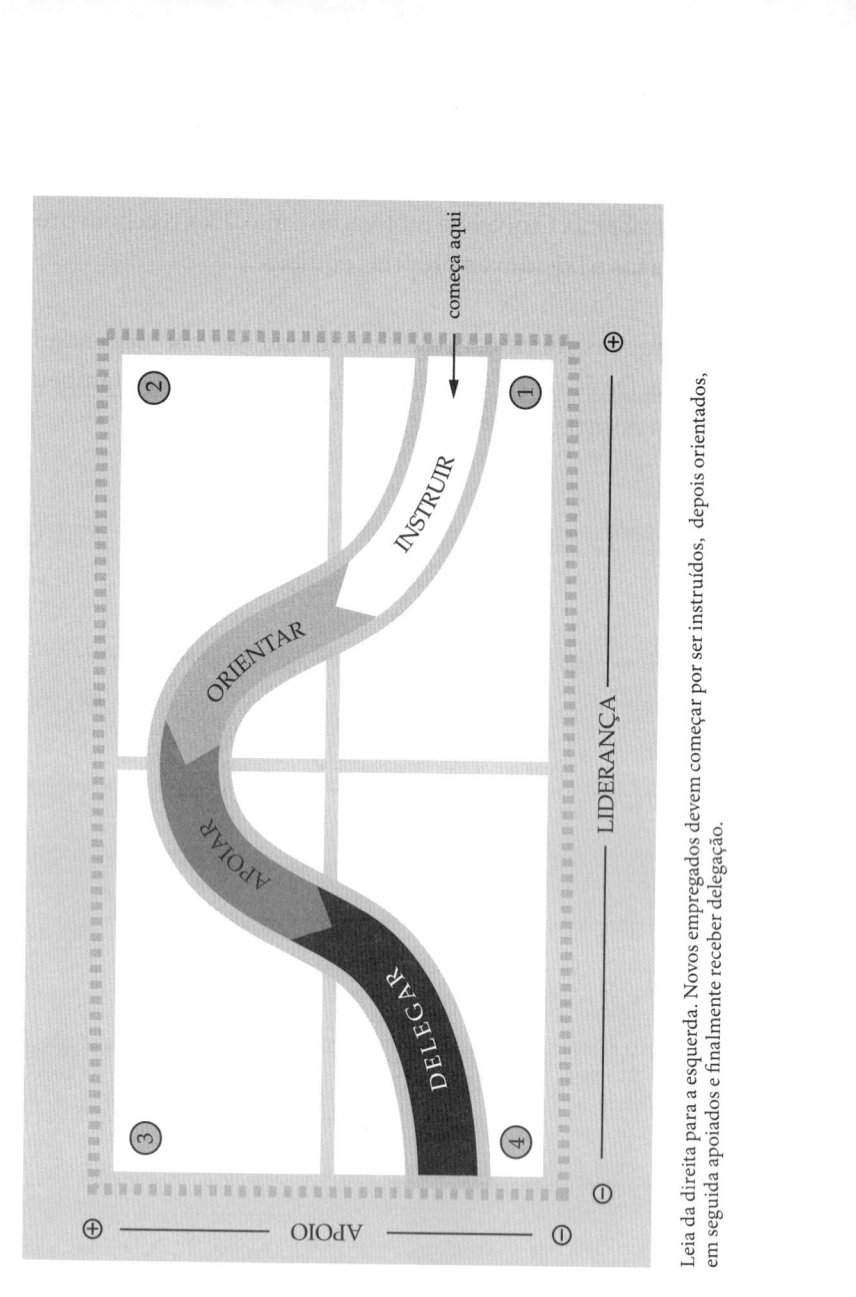

Leia da direita para a esquerda. Novos empregados devem começar por ser instruídos, depois orientados, em seguida apoiados e finalmente receber delegação.

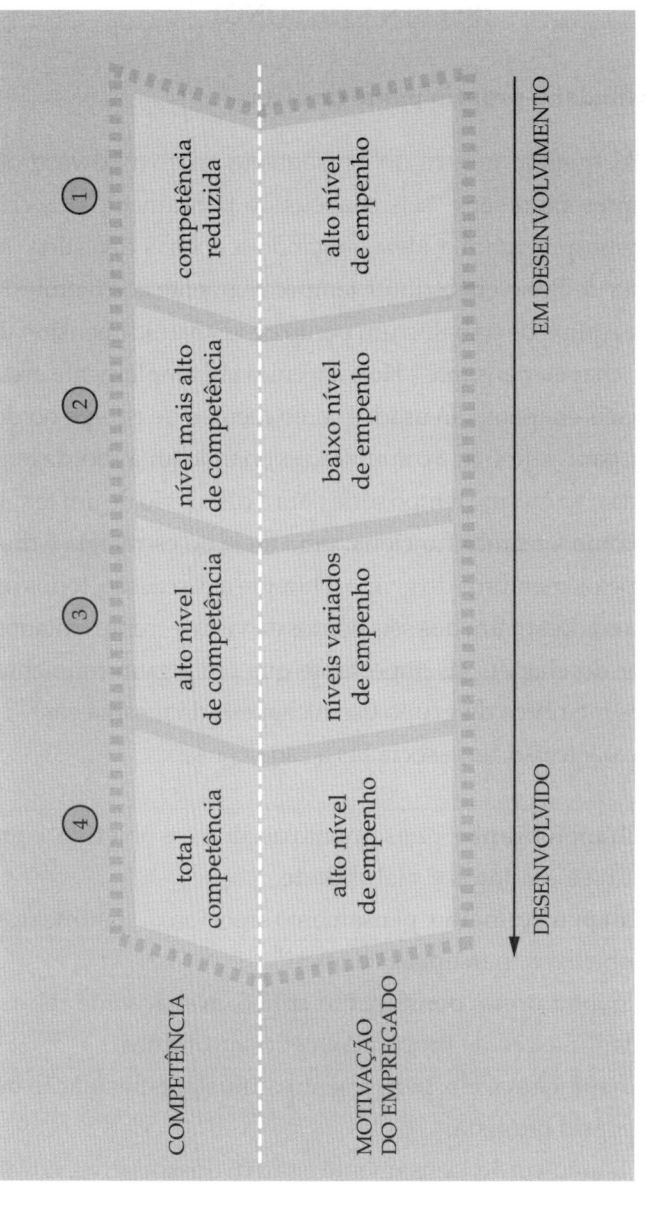

Leia da direita para a esquerda. A proporção entre competência e ética do trabalho, num eixo temporal.

O MODELO DA INTERPRETAÇÃO DE PAPÉIS
(BELBIN E DE BONO)

Como mudar o próprio ponto de vista

Em 1986, quando o guru do pensamento criativo Edward de Bono apresentou seus "seis chapéus do pensamento", os críticos menosprezaram a ideia, julgando-a apenas divertida. A proposta de Bono era atribuir temporariamente aos membros de uma equipe de trabalho um ponto de vista unidimensional, ou um "chapéu pensante". Hoje a técnica já é amplamente aceita, e os seis chapéus são usados como recurso de equipe ou de reunião para estimular a comunicação, criando uma abordagem divertida e ao mesmo tempo séria para a discussão de um tema.

Eis como a técnica funciona: uma ideia ou estratégia é discutida pelos membros do grupo. Durante a discussão, todos os membros adotam um dos seis pontos de vista — representados pela cor do chapéu. (É importante que em algum momento todos os membros do grupo usem chapéus da mesma cor.)

As características associadas a cada cor são:

- **Chapéu branco**: pensamento analítico e objetivo, com ênfase em fatos e viabilidade.
- **Chapéu vermelho**: pensamento emocional, sentimentos subjetivos, percepções e opiniões.
- **Chapéu preto**: pensamento crítico, avaliação de riscos, identificação de problemas, ceticismo, crítica.
- **Chapéu amarelo**: pensamento otimista, especulação de cenário otimista.
- **Chapéu verde**: pensamento criativo e associativo, novas ideias, *brainstorming*, pensamento construtivo.

- **Chapéu azul**: pensamento estruturado, visão geral do processo, visão global.

Atenção! A reunião deve ter um mediador para garantir que os membros da equipe não saiam do papel designado.

Equipes homogêneas, ou seja, aquelas cujos membros têm visões e caráter similares, não funcionam bem. Nos anos 1970, Meredith Belbin estudou os indivíduos e as caracterizações e sua influência nos processos grupais. Com base nessa observação, ele identificou nove perfis:

- **Voltados para a ação**: executor, implementador, perfeccionista.
- **Voltados para a comunicação**: coordenador, cooperador, pioneiro.
- **Voltados para o conhecimento**: inovador, observador, especialista.

Se você tiver uma boa ideia, mas sentir medo de que ela seja muito criticada, tente levar a discussão de forma que outros membros do grupo pensem que a ideia foi deles. Quanto mais as pessoas acharem que a ideia é deles, com mais entusiasmo defenderão a necessidade de colocá-la em prática. Se ninguém se apresentar como autor da ideia, talvez ela não seja tão boa assim!

"Nunca fiz qualquer coisa sozinha. Tudo o que foi realizado foi obra coletiva."

Golda Meir

Ver também: O modelo Drexler-Sibbet (p. 134)

PAPEL NA EQUIPE	CONTRIBUIÇÃO
A planta	apresenta novas ideias
Pesquisador de recursos	investiga possibilidades, desenvolve contatos
Coordenador	promove a tomada de decisão, delega
Conformador	supera obstáculos
Monitor	examina a viabilidade
Cooperador	melhora a comunicação, impulsiona processos
Implementador	concretiza as ideias
Finalizador	garante a qualidade dos resultados
Especialista	supre conhecimento especializado

CARÁTER	FRAQUEZA TOLERÁVEL
pensamento heterodoxo	distração
comunicativo, extrovertido	excesso de otimismo
independente, responsável	parece manipulador
dinâmico, suporta bem a pressão	impaciente, provocador
equilibrado, estratégico, crítico	pouco criativo
cooperador, diplomático	indeciso
disciplinado, confiável, eficaz	inflexível
consciencioso, ágil	tímido, dificilmente delega
autoconfiante, empenhado	perde-se nos detalhes

O MODELO DA OTIMIZAÇÃO DOS RESULTADOS

Por que a impressora sempre quebra no final de um prazo

Existem muitos modelos e métodos de gerência de projeto. A maioria tem por base a premissa de que existe uma quantidade fixa de tempo para se completar um projeto. Em geral, dentro desse prazo, as ideias são coletadas (G) e consolidadas (C), e um conceito é selecionado e implantado (I). Na vida real, todos nós sabemos que nunca temos tempo suficiente. Além disso, o pouco tempo de que dispomos é reduzido por acontecimentos inesperados, como um defeito na impressora no minuto em que você precisa usá-la.

O modelo da otimização dos resultados divide o tempo disponível em três sequências (curvas) de mesmo tamanho. Isso força o gerente de projeto a encerrar o projeto três vezes. Neste caso, o objetivo é melhorar o resultado de cada um dos sucessivos anéis da espiral. Esse método permite obter não só mais qualidade nos produtos, mas também um resultado final mais bem-sucedido: em vez de apenas ficar feliz quando o projeto termina porque "a criança finalmente foi dormir", a equipe inteira passa três vezes pelo sentimento de realização.

Atenção! Quando usar essa estratégia, seja rigoroso: trabalhe de tal forma que cada volta esteja realmente completa antes de começar a próxima. Caso contrário, o modelo perderá sua dinâmica.

Nos processos de desenvolvimento, é importante separar rigorosamente os três estágios: coleta, consolidação e implantação.

"A beleza nunca é perfeita."

Anônimo

Ver também: O modelo Drexler-Sibbet (p. 134)

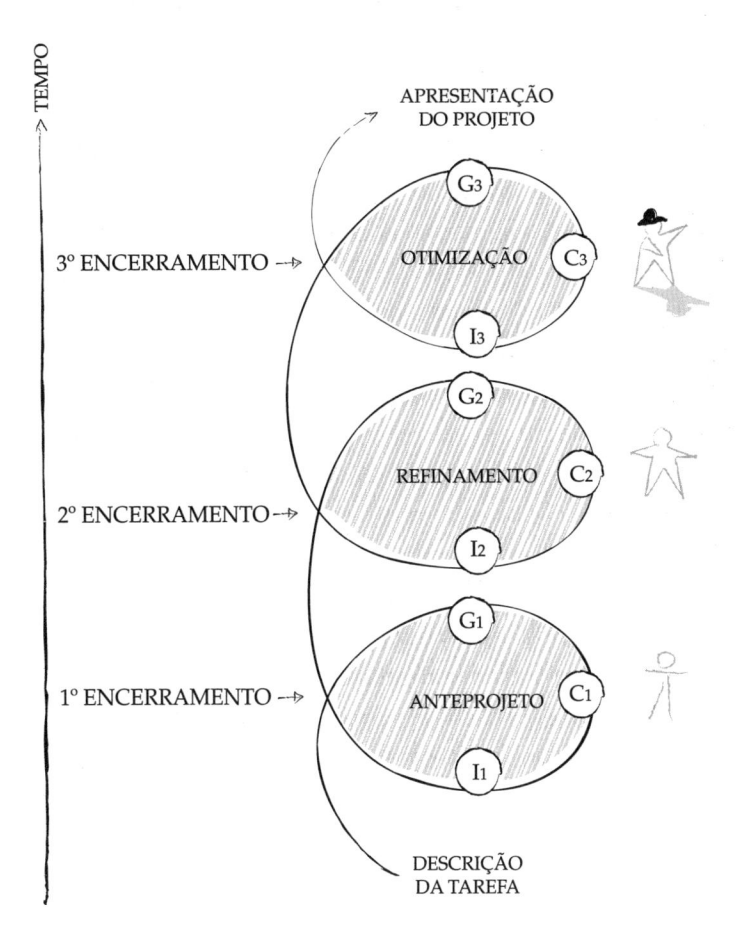

G = COLETAR IDEIAS
C = CONSOLIDÁ-LAS NUM CONCEITO
I = IMPLANTAR

Para chegar ao resultado ideal, você deve planejar seu projeto de modo que ele seja "encerrado" três vezes. Depois da terceira vez, ele estará realmente encerrado.

O PRÓXIMO SUPERMODELO DO MUNDO

O que podemos aprender com este livro?

Mesmo quando precisamos tomar a mais simples das decisões, o número de fatores que temos de considerar pode exceder nossa capacidade de imaginação. Portanto, os modelos gerenciais tentam reduzir a complexidade dessas decisões, condensando as ideias em uma matriz com quatro campos.

Como explica Karin Frick, chefe de pesquisa do Instituto Gottlieb Duttweiler, "tudo começou com os programas de planilha". As planilhas estão entre as ferramentas administrativas mais poderosas dos últimos anos. Planilhas eletrônicas como o Excel, da Microsoft, revolucionaram nossa maneira de administrar despesas e orçamentos.

"Para quem tem um martelo, tudo parece um prego." Essa observação de Mark Twain também pode ser aplicada aos modelos, que tendem a criar a própria realidade. Matrizes de quatro campos e planilhas Excel fornecem aos usuários uma maneira de ver, entender e organizar o mundo. Elas mudaram nossa compreensão sobre os processos de negócios tão drasticamente quanto o telescópio mudou a forma como observamos o céu. Quando foram apresentadas, as planilhas matriciais eram novos recursos visuais que ofereciam às empresas uma nova perspectiva para olhar a realidade, que se mostrou mais complexa do que os modelos nos levavam a crer.

O próximo supermodelo foi apresentado na década de 1970 por Frederic Vester, que popularizou o conceito do pensamento em rede. Desde então, surgiu uma série de sucessos editoriais sobre "administração de sistemas complexos", como os livros *Out of Control* [*Fora de controle*, em tradução livre], de Kevin Kelly, na década de 1990, e *A lógica do cisne negro*, de Nassim

Nicholas Taleb, em 2007. Para os administradores, durante anos foi obrigatório ler obras sobre a administração de situações complexas, pensamento sistemático, teoria do caos e teoria da auto-organização.

Contudo, as teorias administrativas de hoje encontram-se no mesmo estágio em que a medicina estava antes do aparecimento dos raios-X e, mais recentemente, da tomografia computadorizada. Antes dessas tecnologias, os médicos eram praticamente incapazes de ir além dos sintomas e descobrir as causas subjacentes; os métodos de tratamento eram primitivos e imprecisos. As novas técnicas abriram caminho para diagnósticos cada vez mais precisos. Logo, a engenharia genética nos permitirá lidar diretamente com a causa das doenças.

O tipo de análise usado hoje na engenharia genética promete novas percepções na área da administração. Os programas que estão sendo criados para a decodificação da informação genética e para a detecção precoce de doenças também poderão, no futuro, ajudar a decifrar padrões nos comportamentos de consumo e em outros fluxos de informação. Em *Super Crunchers*, Ian Ayres mostra como isso já é possível em nossos dias. Eis alguns dos exemplos que ele mostra:

- Baseando-se na análise estatística de dados meteorológicos na região de produção do vinho Bordeaux, o economista Orley Ashenfelter consegue prever a qualidade das novas safras com mais precisão do que o guru da enologia Robert Parker, que se baseia na intuição, nas papilas gustativas e na experiência.
- Os clientes virtuais da empresa de cartão de crédito Capital One recebem uma resposta gerada por computador antes de sequer terem a chance de fazer uma pergunta. A resposta é pautada na análise de perguntas e respostas

dos usuários que possuem o mesmo tipo de cartão de crédito. Só então eles podem escolher outra pergunta na lista (aparentemente a Visa já consegue prever divórcios com base nos dados de cartão de crédito).

- Os cassinos Harrah conseguem prever quando o apostador está prestes a atingir o "limiar da dor da perda". Quando o programa emite um aviso, antes que seja muito tarde, um "embaixador da sorte" é enviado para seduzir o perdedor com um presente, na esperança de que ele continue a jogar e perder.

Hoje, os resultados de certas decisões são testados primeiro no mundo virtual, antes de serem aplicados aos mercados reais — uma espécie de teste de mercado *in silico*. Em nossos dias, quase tudo o que fazemos, compramos e decidimos deixa rastros eletrônicos (por meio de identificação por radiofrequência, os indivíduos e os produtos podem ser localizados com relativa facilidade no espaço e no tempo). Dessa forma, as empresas conseguem monitorar o andamento de seus negócios, a localização de seus clientes ou funcionários, o que eles estão fazendo no momento e até mesmo como estão se sentindo.

No futuro, os responsáveis pelas decisões trabalharão com ferramentas de prognóstico (como descritas anteriormente) em vez de usar modelos. No entanto, há um problema: aqueles que usam essas ferramentas no presente para tomar decisões não entendem o que estão calculando. As fórmulas e modelos que explicam o mundo são caixas-pretas, entendidas apenas por alguns especialistas. O usuário comum precisa confiar no sistema sem compreendê-lo. Embora talvez não saibamos exatamente o que os modelos estão calculando, podemos ainda testá-los, medi-los e refiná-los com dados reais de clientes e mercados.

Quer dizer que podemos esquecer todos os modelos encontrados neste livro? Pelo contrário. Não devemos subestimar o valor desses instrumentos primitivos: em um mundo cada vez mais confuso e caótico, eles nos ajudam a focar a atenção no que é importante e a acreditar no que vemos. Mesmo com as mais recentes invenções médicas à disposição, o clínico ainda confia nas ferramentas mais básicas de diagnóstico: ouvir e examinar o paciente.

Os modelos deste livro nos fornecem uma maneira de olhar o mundo.

Ver também: O modelo da caixa-preta (página 124).

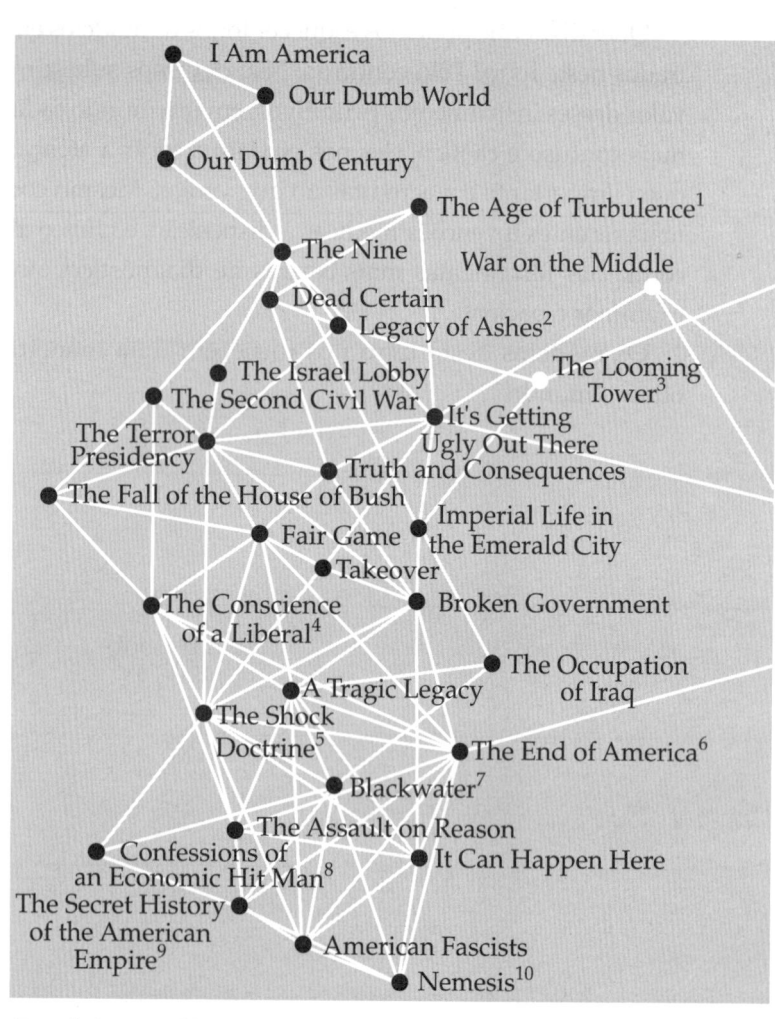

Exemplo de um modelo dinâmico de autoria de Valdis Krebs: ele ilustra o comportamento de compra de livros políticos: conteúdo liberal (preto), conteúdo conservador (cinza) e livros sem orientação política (branco). A maioria dos leitores dá preferência a um dos três grupos.

1. Greenspan, Alan. *A era da turbulência*. Editora Campus, 2007.
2. Weiner, Tim. *O legado de cinzas*. Record, 2008. 3. Wright, Lawrence. *O vulto das torres*. Companhia das Letras, 2007. 4. Krugman, Paul.

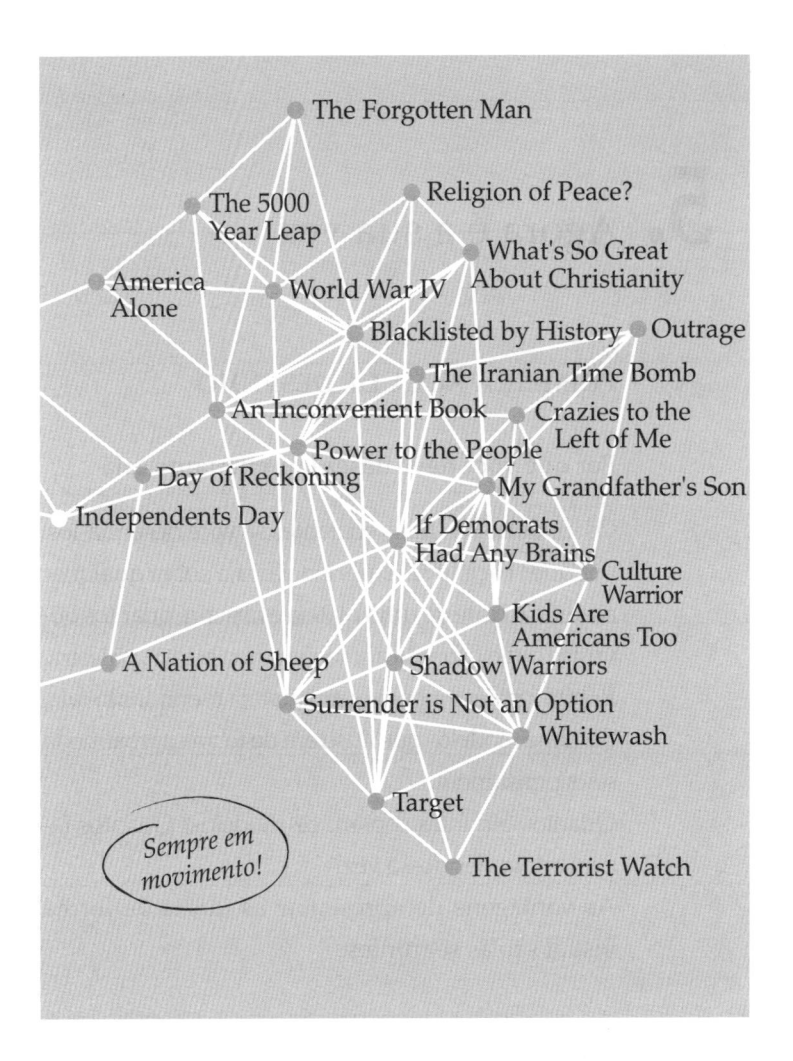

The Forgotten Man

The 5000 Year Leap

Religion of Peace?

What's So Great About Christianity

America Alone

World War IV

Blacklisted by History   Outrage

The Iranian Time Bomb

An Inconvenient Book   Crazies to the Left of Me

Power to the People

Day of Reckoning

My Grandfather's Son

Independents Day

If Democrats Had Any Brains

Culture Warrior

Kids Are Americans Too

A Nation of Sheep   Shadow Warriors

Surrender is Not an Option

Whitewash

Target

Sempre em movimento!

The Terrorist Watch

A consciência de um liberal. Record, 2010. 5. Klein, Naomi. *A doutrina do choque*. Nova Fronteira, 2008. 6. Wolf, Naomi. *O fim da América*. Record, 2010. 7. Scahill, Jeremy. *Blackwater*. Companhia das Letras, 2008.

8. Perkins, John. *Confissões de um assassino econômico*. Cultrix, 2005.

9. Perkins, John. *A história secreta do império americano*. Cultrix, 2008.

10. Roth, Phillip. *Nêmesis*. Companhia das Letras, 2011. (*N. da T.*)

5. Agora é a sua vez

PRIMEIRA AULA DE DESENHO

Por que você deve desenhar enquanto fala

Os modelos são mais eficientes se você desenhá-los. Por quê? Faça uma experiência: fale sobre qualquer assunto diante de uma plateia e observe quantos ouvintes estão fazendo anotações durante sua palestra. Repita a palestra para outra plateia e, enquanto fala, desenhe modelos que ilustrem de forma aproximada seus pensamentos.

Quantos ouvintes copiam os modelos? Quantos fazem anotações dessa vez?

As vantagens de apresentar as ideias de forma visual são as seguintes:

- A plateia não se limita a escutar; ela também vê o que você está fazendo — você recebe o dobro da atenção.
- A atenção se desloca de sua pessoa para o assunto. Você já não está mais de pé na frente de um júri: está falando com o júri sobre um assunto determinado.

- As imagens sempre são associadas a sentimentos e lugares. Os ouvintes olharão para o modelo e se recordarão de sua palestra.

Você só consegue desenhar bonecos de palitos? Não se preocupe. Quanto mais sofisticado e perfeito for o desenho, mais alienante ele será. Com desenhos simples e claros, a plateia tem a sensação de que pode fazer o mesmo. Portanto, seja fiel a seus bonequinhos (você não precisa ser um artista talentoso), mas continue a aperfeiçoá-los.

SEGUNDA AULA DE DESENHO

Como usar pequenos truques para causar uma grande impressão

- **Faça desenhos enquanto fala.** Quando são desenhados em tempo real, mesmo os elementos imprecisos ou arbitrários são compreendidos pelo espectador — e recebidos com simpatia.
- **Uma imagem diz mais do que mil palavras.** Desenhe um iceberg para chamar atenção para um problema crescente, um templo se quiser ilustrar pilares de sucesso, uma ponte para mostrar conexões, esboços de mapas para mostrar o contexto geográfico, uma correia transportadora para representar processos e procedimentos, um funil se quiser consolidar ideias, uma pirâmide para representar hierarquia.
- **Familiar, mas diferente.** Todo mundo entende placas de trânsito ou os sinais de avançar e recuar do controle remoto. Melhor ainda é surpreender a plateia transformando em pictogramas os símbolos tradicionais (por exemplo: $) ou abreviação (por exemplo: "t" simbolizando tempo).
- **Crie estruturas.** Se tiver que discutir ideias importantes, porém não relacionadas, desenhe um círculo em torno de cada uma delas. No entanto, não crie conexões desnecessárias entre os círculos, superpondo-os ou conectando-os por meio de setas.
- **Errado, mas poderoso.** Se você desenhar uma linha torta, não volte para corrigi-la porque isso interromperá o fluxo de sua argumentação. O mesmo vale para o caso de seus círculos parecerem ovos. Estamos criando ilustrações abstratas, não obras de arte.

MEUS MODELOS

MEUS MODELOS

MEUS MODELOS

MEUS MODELOS

MEUS MODELOS

Bibliografia

Becker, Udo. *The Continuum Encyclopedia of Symbols*. Nova York: Continuum, 2000.

Bourdieu, Pierre. *A distinção: crítica social do julgamento*. Porto Alegre: Editora Zouk, 2011.

Esquire: *The Big Black Book*. Hearst Corporation, 2007

Gladwell, Malcolm. *O ponto da virada*. Rio de Janeiro: Sextante, 2009.

Kelley, Tom. *A arte da inovação*. São Paulo: Editora Futura, 2001.

Klein, Naomi. *A doutrina do choque*. Rio de Janeiro: Nova Fronteira, 2008.

Koch, Richard. *O princípio 80/20*. Rio de Janeiro: Rocco, 2000.

MacRone, Michael; Lulevitch, Tom. *Eureka!* Editora Rotterdam, 1997.

Mankiw, N. Gregory. *Macroeconomia*. São Paulo: LTC Editora, 2004.

Reason, James. "Human error: models and managements", *British Medical Journal*, 18 de março de 2000, 320:768-70.

Senge, Peter. *A quinta disciplina*. Rio de Janeiro: BestSeller, 2009.

Stroebe, Wolfgang; Hewstone, Miles; Stephenson, Geoffrey M. *Introduction to Social Psychology: A European Perspective*. Oxford: Blackwel, 1996.

Taleb, Nassim Nicholas. *A lógica do cisne negro*. BestBusiness, 2008.

Whitmore, John. *Coaching for Performance*, 4ª edição revisada. Londres: Nicholas Brealey Publishing, 2009.

Wired, Condé Nast, 2008.

Na internet

O modelo do queijo suíço: www.ncbi.nlm.nih.gov/pmc/articles/PMC1117770/

A Matriz BCG: www.12manage.com/methods_bcgmatrix.html

A Matriz Morfológica: www.zwicky-stiftung.ch

Gráficos de negócios — faça você mesmo: www.billiondollargraphics.com

Uma tabela periódica de métodos de visualização: www.visualliteracy.org/periodic_table/periodic_table.html

Modelos gerenciais: www.provenmodels.com

Modelos de previsão: islandia.law.yale.edu/ayres/predictionTools.htm

Créditos das ilustrações

Estas foram as fontes utilizadas na criação das ilustrações deste livro:

Modelo do queijo suíço: James Reason, www.ncbi.nlm.nih.gov/pmc/articles/PMC1117770/

Modelo da brecha de mercado: www.innovation-aktuell.de

O abismo: Malcolm Gladwell, *O ponto da virada*, Sextante, 2009.

Modelo dos presentes: *Esquire: The Big Black Book*. Hearst Communications, 2007.

Modelo de Uffe Elbæk: Uffe Elbæk, *Kaospilot* A-Z. Kaos-Communication, 2003.

O SuperMemo, *Wired*, Condé Nast, 2008.

Modelo da moda: Eric Sommier, *Mode, le monde en movement*. Village Mondial, 2000.

Modelo da moda 2: *Esquire: The Big Black Book*. Hearst Communications, 2007.

Modelo do fluxo: Mihaly Csikszentmihalyi. *Creativity: Flow and the Psychology of Discovery and Invention*. Harper Perennial 1996.

Sinus-Milieu: www.sinus-institut.de

Modelo de Bourdieu: Pierre Bourdieu, *Die feinen Unterschiede: Kritik der gesellschaftlichen Urteilskraft*. Suhrkamp, 2000.

O dilema do prisioneiro: Laszlo Méro, *Die Logik der Vernunft, Spieltheorie und die Psychologie des Handelns*. Rowohlt, 2000.

O pensamento anticonvencional: www.interchange.dk, Toke Moeller, Monica Nissen.

A pirâmide de Maslow: Gottlieb Duttweiler Institut

O ciclo das expectativas exageradas: Gartner, 2010.

A bússola política: www.politicalcompass.org

Hersey e Blanchard: Paul Hersey, Kenneth H. Blanchard & Dewey E. Johnson, *Management Of Organizational Behavior: Leading Human Resources*. Pearson Education, 2008.

Drexler-Sibbet: www.grove.com

O modelo da equipe: www.belbin.com

Modelo das consequências: Soren Christensen e Kristian Kreiner, *Projektledelse i loest Koblede systemer*. Jurist-og Okonomforbundets Forlag, 2002.

Whitmore model: John Withmore, *Coaching für die Praxis*. Heyne, 1997.

Dissonância cognitiva: Carlo Tavris and Elliot Aronson: *Mistakes Were Made (But Not by Me)*. Harcourt, 2007.

O próximo supermodelo do mundo: www.orgnet.com/divided.html

Observação final

Este é o primeiro livro a apresentar uma ampla gama de estratégias e modelos para tomada de decisão. Não dispúnhamos de protótipos, portanto tivemos de avançar por um território desconhecido. Se você conhecer modelos melhores, se tiver sugestões para otimizar algum deles ou se apenas quiser fazer algum comentário, por favor, escreva para nós. Você pode discutir os modelos em www.2topmodels.com.

Agradecimentos

Não teríamos conseguido escrever este livro sem a generosa ajuda das seguintes pessoas e instituições:

Pat Ammon, Multiple Global Design (pela Matriz morfológica); Chris Anderson, *Wired* (pelos modelos SuperMemo, da cauda longa e do conhecimento superficial); Mark Buchanan (pelo modelo dos sinais sutis); Andreas "Becks" Dietrich (pela crítica inteligente); Uffe Elbæk (pela capacidade de esboçar qualquer coisa e também pelo modelo de Uffe Elbæk); Matt Fischer, Apple Music Store (pela inspiração); Karin Frick, GDI (pela visão do futuro); Dag Grœdal, Nordea (pelas sugestões úteis); Peter Haag (por ter acreditado em nós); Cedric Hiltbrand (pelas correções); a Universidade Kaospilot (pela melhor formação que se pode imaginar); Marc Kaufmann (pelo desrespeito positivo); Benno Maggi (pelos modelos da árvore genealógica, da brecha de mercado e do queijo suíço, e também pelas constantes sugestões); Christian Nill (pelas críticas); Courtney Page-Ferell, Play (pelo conselho "não se levem a sério demais"); Sven Opitz, Universidade de Basileia (por nos ensinar a espiral dupla); Lisa Owens e Daniel Crewe, Profile Books (pela excelente edição inglesa e por tornar tudo isso possível), Jenny Piening (pela tradução do alemão para o inglês, criteriosa e elegante), Mark Raskino, Gartner (pelo ciclo das expectativas exageradas), Sara Schindler e Laura Clemens (pela edição e revisão); Pierre-André Schmitt (pelo permanente interesse e pelos inúmeros livros); Michael Schuler, Head of Music, DRS3 (pela ajuda com a Matriz Musical); Ute Tellmann, Universidade Basileia (pela crítica aos modelos); e Daniel Weber, *NZZ Folio* (pelos conselhos providenciais).

best .
business

Este livro foi composto na tipologia Palatino
LT Std Roman, em corpo 10,5/15, e impresso
em papel off-white 70g/m² na Cromosete.

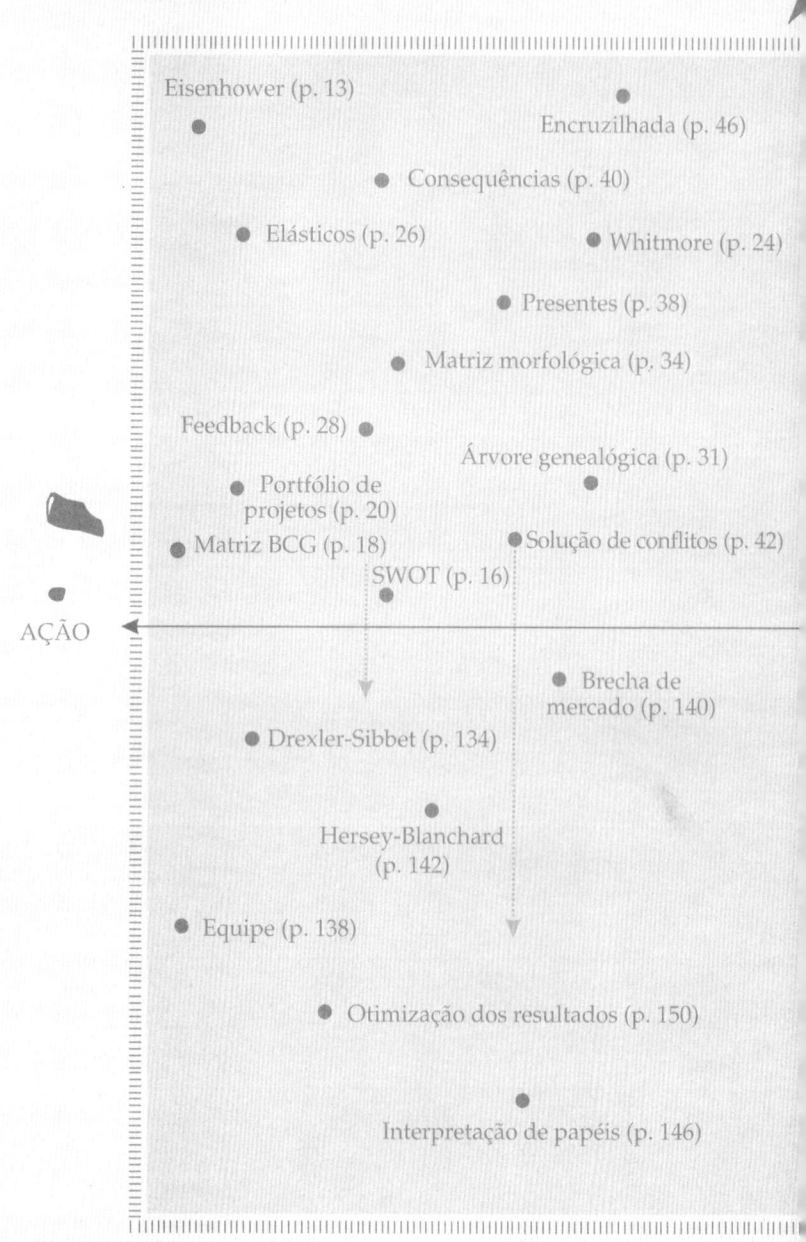

- Eisenhower (p. 13)
- Encruzilhada (p. 46)
- Consequências (p. 40)
- Elásticos (p. 26)
- Whitmore (p. 24)
- Presentes (p. 38)
- Matriz morfológica (p. 34)
- Feedback (p. 28)
- Árvore genealógica (p. 31)
- Portfólio de projetos (p. 20)
- Matriz BCG (p. 18)
- Solução de conflitos (p. 42)
- SWOT (p. 16)

AÇÃO

- Brecha de mercado (p. 140)
- Drexler-Sibbet (p. 134)
- Hersey-Blanchard (p. 142)
- Equipe (p. 138)
- Otimização dos resultados (p. 150)
- Interpretação de papéis (p. 146)

COMO MELHORAR
OS OUTROS